KB274266

서비스이용고객의 전환행동과 전환비용

내일을여는지식 경영경제 6

고 객 의 전 환 행 동 과 전 환 비 용 의 영 향 관 계

서비스이용고객의 전환행동과 전환비용

변충규 지음

switching cost

한국학술정보(주)

고객유지를 위한 서비스 마케팅 관련 연구들은 고객만족과 고객 애호도를 높이는 다양한 변수들을 중심으로 진행되어 왔다(Dick and Basu, 1994; Oliver, 1999; Caruana, 2002). 하지만 고객만족의 수준이 높지 않음에도 불구하고 고객애호도가 높은 경우가 존재하는데(Jones and Sasser, 1995), 이러한 비선형 관계가 시사하고 있는 점은 고객만족만이 고객유지와 고객애호도를 향상시키는 유일한 변수는 아니라는 것이다. 따라서 최근 이러한 영향관계를 보완하고 설명해 줄 수 있는 변수들에 관심을 갖는 연구들이 늘고 있는데, 그중 하나는 서비스이용 고객들의 전환비용 인식 및 선·후행변수들과의 영향관계를 중심으로 진행되고 있다(김상현과 오상현, 2002; Burnham, Frels and Mahajan, 2003; Lam, Shankar and Murthy, 2004).

전환비용이란 고객이 현재 사용하고 있는 브랜드나 특정제품을 마케팅 커뮤니케이션에 의해 새롭게 제안된 다른 브랜드와 제품으로 전환할 때 발생하는 비용을 말한다. 여기서 비용은 고객이 브랜드나 상품을 전환할 때 발생하는 고객의 희생이나 추가적인 노력 혹은 변화에 따른 위험 등 시간적, 금전적, 심리적 비용 등을 포함하는 포괄적인 비용을 말한다. 서비스 이용 고객은 이러한 비용들이 인식되면 다른 제품이나 서비스로 쉽게 전환하려고 하지 않을 것이다. 이렇게 고객들이 다른 서비스 공급자로의 전환을 꺼리게 만드는 다양한 인식을 전환비용이라고 볼 수 있다.

전환비용의 역할에 관한 연구는 다양한 분야로 확대되고 있다. 특히 금융서비스, 인터넷 쇼핑몰, B to B 서비스, 휴대폰 서비스, 여행·병원서비스, 이·미용 서비스 등과 같은 다양한 분야에서 전환비용을 많이 다루고 있다(Jones, Mothersbaugh and Beatty, 2002; Burnham et al., 2003; 김철민, 2002; 김상현과 오상현, 2002; Beerli et al., 2004; Aydin, Özer and Arasil, 2005; Jones et al., 2000; Lam et al., 2004; Yang and Peterson, 2004).

본서는 전환비용의 선·후행관계에 대한 통합적인 분석을 통해 고객가치, 고객만족과 고객애호도를 높일 수 있는 방법뿐만 아니라 서비스이용 고객들의 전환행동을 줄이기 위해 활용할 수 있는 다양한 전략적인 시사점을 얻을 수 있을 것이다.

본서의 목적을 구체적으로 제시하면 다음과 같다. 첫째, 전환비용의 개념과 선행요인을 체계적으로 정리하는 것이다. 둘째, 전환비용의 선행요인으로 활용되고 있는 대안의 매력, 대안의 경험, 대인간 관계의 변수를 이용하여 그 영향관계를 검증할 것이다. 셋째, 고객애호도의 선행요인으로 많이 활용하고 있는 고객만족과 고객가치의 변수와 전환비용과의 직접적인 경로에 대해 구조적이고 실증적인 관계를 밝히고자 한다. 넷째, 서비스의 수준별로 고객화의 정도와 표준화의 정도가 높은 서비스에 따라 전환비용의 인식과 역할은 어떻게 나타날 것인가를 분석하여, 서비스 유형별로 전환비용의 선행요인과 결과변수들 간의 관계의 차이를 보여 주고자 한다. 마지막으로 이와 같은 실증결과를 바탕으로 마케팅 실무자가 활용할 수 있는 시사점을 제시한다.

본 연구가 결실을 맺기까지 많은 지도와 격려를 해 주신 김세범 지도교수님께 깊은 감사를 드립니다. 항상 변함없이 믿고 지지를 해 주시는 부모님과 아내 그리고 채원, 채영 두 딸들에게 고마움을 전하고 싶습니다. 그리고 본서의 출간에 도움을 주신 한국학술정보(주) 출판사업팀에 감사를 드립니다.

2009년 5월
변충규

목　차

제6장 결 론   *117*

제1장 서 론

제1절 전환비용 연구의 필요성

최근 들어 기업 간의 경쟁이 치열해짐에 따라 많은 기업들은 강력한 고객관계 구축을 기업의 경쟁우위 수단으로 활용하고 있다. 기업에서 고객전략은 신규고객을 확보하는 공격적인 기업전략과 기존고객을 유지하는 방어적인 기업전략으로 구성된다. 시장의 성장속도가 둔화되고 기업 간 경쟁이 치열할수록 방어적인 기업전략은 더욱 중요해진다(Fornell, 1992). 방어적인 기업전략은 신규고객을 유치하는 데 발생하는 비용을 줄일 수 있으며, 단골고객으로부터 발생하는 수익증가와 긍정적인 구전효과 등과 같은 여러 이점을 제공해 준다(Jones and Sasser, 1995; Reichheld, 1996).

특히 구매에 대한 지각된 위험과 불확실성이 높은 서비스 산업에서 방어적인 기업전략은 그 중요성이 커지고 있다. 기존 고객유지를 위해 서비스 마케팅 관련 연구들은 고객만족과 고객애호도를 높이는 다양한 변수들을 중심으로 진행되어 왔다. 서비스 품질차원, 고객만족과 행동의도(Parasuraman, Berry and Zeithaml, 1988; Cronin and Taylor, 1992; Fornell, 1992; Cronin and Hult, 2000), 고객만족과 고객애호도(Dick and Basu, 1994; Oliver, 1999; Caruana, 2002)에 관한 연구가 이루어져 왔다. 이처럼 기존 연구들은 서비스 품질과 고객만족을 높이는 것이 기업의 장기적 수익을 올리고, 고객애호도가 높은 고객을 유지하는 것으로 생각하고 이를 서비스 마케팅 전략에 반영하였다(Anderson and Sullivan, 1993). 그러나 고객만족만으로 고객애호도의 유지를 충분히 설명하기는 부족하다. 이러한 한계점과 관련해서 고객만족과 고객애호도가 선형 관계가 아닌 비선형 관계를 가지고 있다는 연구결과들이 제시되었다(Jones and Sasser, 1995). 즉, 고객만족의 수준이 높지 않음에도 불구하고 고객애호도가 높은 경우가 있다는 것이다. 비선형 관계가 시사하고 있는 점은 고객만족만이 고객유지와 고객애호도를 향상시키는 유일한 변수는 아니라는 것이다. 따라서 최근 이러한 영향관계를 보완하고 설명해 줄 수 있는 변수들에 관심을 갖는 연구들이 늘고 있다.

고객애호도에 영향을 미치는 변수로는 고객만족 외에도 고객가치, 전환비용(switching cost) 등과 같은 변수들에 관심을 기울이는 연구들이 있다(김상현과 오상현, 2002; Burnham, Frels and Mahajan, 2003; Lam, Shankar and Murthy, 2004). 고객애호도의 선행요인으로 제시되고 있는 고객가치와 고객만족은 고객에게 제공하는 혜택을 강조하는 반면, 전환비용은 다른 공급자로 전환하고자 할 때 고객들에게 추가적으로 발생하는 비용을 강조한다.

전환비용이란 고객이 현재 사용하고 있는 브랜드나 특정제품을 마케팅 커뮤니케이션에 의해 새롭게 제안된 다른 브랜드와 제품으로 전환할 때 발생하는 비용을 말한다. 여기서 비용은 고객이 브랜드나 상품으로 전환할 때 발생하는 고객의 희생이나 추가적인 노력 혹은 변화에 따른 위험 등 시간적, 금전적, 심리적 비용 등을 포함하는 포괄적인 비용을 말한다.

만약 고객이 현재 이용하고 있는 제품 또는 단골점포를 변경한다면, 새로운 대안을 찾고 익히는 데 노력과 시간 그리고 비용이 들 것이다. 고객들이 현재의 서비스 공급자에서 다른 공급자로 전환하려면 정보를 수집하고 평가하는 노력이 따르고, 전환 이후에 사용이 익숙해질 때까지 상당한 노력과 시간이 필요하다. 그리고 고객유지를 위해 서비스 공급자가 제공하는 마일리지, 포인트와 약정 제도 등에서 누적된 혜택들을 포기해야 하므로 금전적 손해도 입게 된다. 또한 자주 방문하고 이용하는 서비스 공급자에 대해 호의적인 태도를 가지고 있는 경우는 전환으로 인해 발생하는 미안함과 망설임과 같은 심리적인 부담이 따른다. 고객들에게 이러한 비용들이 인식되면 다른 제품이나 서비스로 쉽게 전환하려고 하지 않을 것이다. 이렇게 고객들이 다른 서비스 공급자로의 전환을 꺼리게 만드는 다양한 인식을 전환비용이라고 볼 수 있다.

전환비용은 다양한 분야로 확대되어 전환비용의 역할에 관한 연구가 이루어지고 있다. 특히 금융서비스, 인터넷 쇼핑몰, B to B 서비스, 휴대폰 서비스, 여행·병원서비스, 이·미용 서비스 등과 같은 다양한 분야에서 전환비용을 많이 다루고 있다. 전환비용에 관한 기존 연구들은 전환비용의 측정과 선행요인(Jones, Mothersbaugh and Beatty, 2002; Burnham et al., 2003), 전환비용의 결과변수인 재구매행동 및 고객애호도와 관련된 영향(김철민, 2002; 김상현과 오상현, 2002; Beerli et al., 2004; Aydin, Özer and Arasil, 2005), 그리고 전환비용의 조절효과(Jones et al., 2000; Lam et al., 2004; Yang and Peterson, 2004) 등을 주로 다루고 있다.

하지만, 전환비용과 관련된 선행변수와 결과변수의 영향관계에서 전환비용의 역할에 관한 연구는 부족한 편이다. 전환비용의 다양한 역할에 대해 선행된 연구의 흐름이 정립되어 있지 않고 연구자에 따라서 전환비용을 독립변수로 영향을 검증하거나, 조절변수로서의 영향을 다루는 연구로 나누어져 있다(Burnham et al., 2003; Jones et al., 2000; Yang and Peterson, 2004). 전환비용은 고객애호도의 선행요인으로서 직접 영향 또는 매개변수로의 역할뿐만 아니라 고객만족과 고객가치에 영향을 미치고 있다. 따라서 전환비용이 고객만족과 고객가치와는 별개의 변수로 영향을 검증하거나 조절적인 영향을 주로 검증한 기존의 연구에서 한걸음 더 나아가 다른 선행요인과의 상호작용으로 어떠한 영향을 미치는가에 대한 통합적인 분석이 필요할 것이다. 이러한 통합적인 분석을 통한 전환비용의 영향에 관한 이해는 고객가치, 고객만족과 고객애호도를 높일 수 있는 방법뿐만 아니라 기존 고객들의 전환행동을 줄이기 위해 활용할 수 있는 다양한 전략적인 시사점을 얻을 수 있을 것이다.

이에 본서는 전환비용과 고객가치, 고객만족, 고객애호도에 대한 인과관계를 모형화하고 이를 검증하는 데 목적을 두고 있다.

본서의 목적을 구체적으로 제시하면 다음과 같다. 첫째, 전환비용의 개념과 선행요인을 체계적으로 정리하는 것이다. 둘째, 전환비용의 선행요인으로 활용되고 있는 대안의 매력, 대안의 경험, 대인간 관계의 변수를 이용하여 그 영향관계를 검증할 것이다. 셋째, 고객애호도의 선행요인으로 많이 활용하고 있는 고객만족과 고객가치의 변수와 전환비용과의 직접적인 경로에 대해 구조적이고 실증적인 관계를 밝히고자 한다. 넷째, 전환비용 인식수준에 따라 전환비용이 결과변수에 미치는 영향력에는 차이가 있을 것이다. 따라서 전환비용을 조절변수로 활용하여 고객만족이 고객애호도에 미치는 영향관계를 보여 주고자 한다. 다섯째, 서비스의 수준별로 고객화의 정도와 표준화의 정도가 높은 서비스에 따라 전환비용의 인식과 역할은 어떻게 나타날 것인가를 분석하여, 서비스 유형별로 전환비용의 선행요인과 결과변수들 간의 관계의 차이를 보여 주고자 한다. 마지막으로 이와 같은 실증결과를 바탕으로 마케팅 실무자가 활용할 수 있는 시사점을 제시한다.

제2절 전환비용 연구의 방법

본서의 목적은 전환비용의 선행요인과 전환비용, 고객가치, 고객만족, 고객애호도 간의 통합적인 관계를 모형화하고 이를 실증 분석하는 것이다. 본서에서는 이러한 목적을 달성하기 위해 전환비용, 고객가치, 고객만족 그리고 고객애호도 등과 관련된 문헌 연구 조사와 함께 이를 바탕으로 연구모형을 도출하고 가설을 설정하며, 실증연구를 통해 이를 검증하고 결론을 제시하고자 한다.

먼저 문헌연구를 통해 전환비용과 선행요인 그리고 고객가치, 고객만족, 고객애호도에 대한 개념과 그 측정 방법을 검토하였으며, 기존 연구에서 밝혀진 전환비용과 고객가치, 고객만족, 고객애호도 간의 관계를 살펴보았다. 이러한 문헌연구를 기초로 하여 각 연구변수들을 도출하여 연구모형과 연구가설을 설정한다. 가설을 검증하기 위하여 측정변수를 설정한 후, 설문조사를 실시하고 그 결과를 통계적 분석 기법을 통하여 시사점을 찾는다.

통계분석을 위하여 SPSS 12.0을 이용하였으며, 측정변수들에 대한 신뢰성과 타당성 검증을 위해 신뢰성분석과 요인분석을 하였다.

그리고 변수들 간의 인과관계와 방향성을 알기 위해 상관분석을 실시하였다. 전체 모형의 영향관계를 검증하기 위해 구조방정식 모형을 이용하였다. 구조방정식 모형의 적합성과 본서에서 사용되고 있는 연구 변수들 간의 경로가설관계를 분석하기 위해 AMOS 4.0을 활용하였다.

제2장 고객의 전환행동과 전환비용의 이해

　　본장에서는 서비스이용고객의 전환행동과 전환비용의 각 구성개념들에 대해 살펴본다. 먼저 서비스접점에서 발생하는 고객들의 전환행동과 이탈행동을 이해하고, 서비스이용고객들이 다양한 상황에서 고려하게 되는 전환비용의 개념과 구성차원들을 정리한다.

제1절 고객의 전환행동과 이탈

소비자는 현재 이용하고 있는 제품과 서비스를 반복적으로 구매하거나 다른 대안을 선택하는 구매의사 결정을 하게 된다. 특히 서비스 구매의사 결정과정은 무형성, 이질성, 비분리성, 소멸성 등의 특성으로 지각된 위험과 불확실성이 높기 때문에 빈번한 전환행동(switching)과 고객이탈(defection)이 발생한다.

전환행동과 고객이탈에 따라 발생하는 기존 고객의 상실은 서비스 기업에 여러 가지 부정적인 영향을 미친다. 이러한 부정적인 영향은 첫째, 기존 고객으로부터의 추가적인 이익에 대한 잠재력이 상실된다. 둘째, 신규 고객을 얻기 위한 다양한 추가적인 비용 부담이 발생된다. 이러한 부정적 영향을 방지하거나 낮추기 위해서는 고객들이 현재의 서비스 공급자를 유지하지 않고 이탈 또는 전환하는 행동에 대한 정확한 이해가 필요하다.

고객의 서비스 전환행동은 현재 거래하고 있는 업체와 관계를 중단하고 다른 거래처로 전환하는 행위를 의미한다(Keaveney, 1995). 전환행동은 고객이탈 또는 서비스 기업과 특별한 서비스에 대한 구매중지를 결정하는 의사결정으로 정의할 수 있다(Colgate and Hedge, 2001).

Keaveney(1995)는 서비스 전환행동에 대한 탐색적 연구를 통하여 만들어진 서비스 전환행동모형을 바탕으로 고객의 서비스 전환의 원인을 분석하였다. 고객의 서비스 전환행동모형은 <그림 2-1>과 같다.

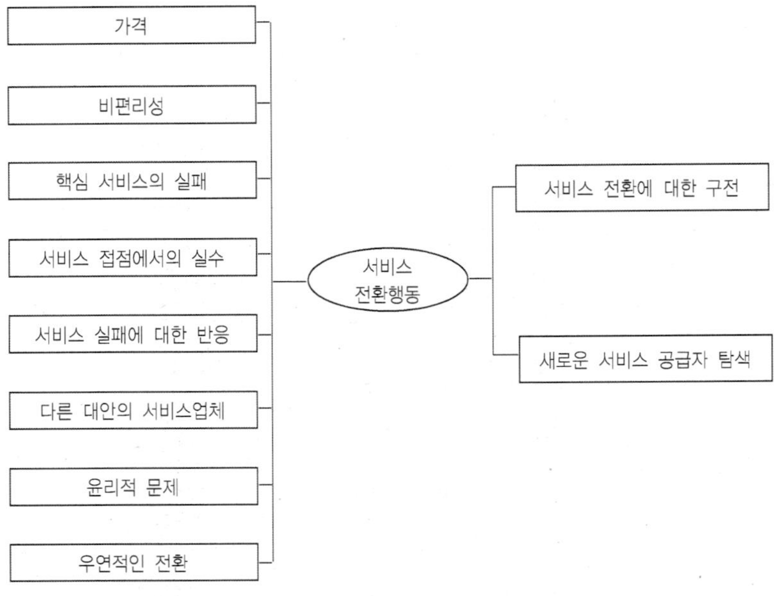

자료: Keaveney, S. M.(1995), "Customer Switching Behavior in Service Industries: An Exploratory Study", *Journal of Marketing*, 59(April), p.76.

〈그림 2-1〉 고객의 서비스 전환행동모델

<그림 2-1>에서는 전환행동의 선행요인으로 서비스기업의 가격, 비편리성, 핵심서비스의 실패, 서비스 접점에서의 실수, 서비스 실패에 대한 반응, 다른 대안의 서비스 업체, 윤리적 문제, 우연적인 전환 등의 8가지 요인을 제시하였다. 그리고 전환의 원인에 따라 고객들에게 나타나는 전환행동으로 서비스 전환에 대한 구전, 새로운 서비스 공급자의 탐색을 제시하고 있다.

이상의 내용에서 보면 고객들은 다양한 원인에 따라 전환 또는 유지를 결정한다는 것을 알 수 있다. 이러한 고객의 이탈과 전환행동에 관한 이해는 기업에게 고객애호도를 높이기 위한 방어적인 전략의 필요성을 높인다.

Reichheld and Sasser(1990)의 연구에 의하면 고객이탈률을 5% 줄여 고객유지를 늘리면 고객이 창출하는 이익은 산업에 따라 25%에서 85%까지 증대될 수 있다고 한다. 고객에 대한 전략은 신규고객을 확보하는 공격적인 기업전략과 기존고객을 유지하는 방어적인 기업전략으로 구성이 된다. 신규고객 유치는 광고비용, 판매비용, 새로운 거래준비비용, 설명비용, 비효율적인 거래비용과 같은 모집비용이 발생한다. 하지만 기존고객을 유지하면 다양한 비용을 절감할 수 있으며, 기업의 수익을 커지게 한다(Mittal and Lassar, 1998).

장기고객의 유지는 기업의 장기적인 성공의 중요한 요인이며, 고객유지를 위해 지출된 비용은 고객이 느끼는 프리미엄 가격을 지불할 의도발생과 구매증가를 통해 기업의 장기적 수익을 증가시킨다(Sood and Kathuria, 2004).

기업 간의 경쟁이 치열한 시장성숙기 단계에서 기업이 안정적인 수익을 유지하기 위해서는 고객의 만족도를 높이거나 고객의 이탈과 전환을 줄이는 전환비용의 구축으로 재구매행동과 고객애호도를 높이는 방어적인 전략의 중요성이 크다고 할 수 있다. 이에 본서에서는 전환비용에 대해 구체적으로 살펴보고자 한다.

제2절 전환비용의 개념

1. 전환비용의 개념과 정의

마케팅, 경영학, 경제학 문헌에서 전환비용과 관련된 연구는 산업과 소비자의 관점에서 다양하게 이루어져 왔다(Porter, 1980; Fornell, 1992; Klemperer, 1995; Jones et al., 2000, 2002; Burnham et al., 2003). 전환비용은 시장에서 가격에 대한 비탄력적인 반응과 시장의 진입장벽으로 작용하여 기업에게 지속적이고 전략적인 장점을 제공한다. 그리고 관리자들에게는 고객의 전환을 방지하고 재선택과 재구매행동에 유의한 영향을 미치는 유용한 관리도구로 활용되고 있다.

전환비용에 대한 개념과 정의는 다음과 같다. 전환비용은 고객이 제품 또는 공급자를 이용하는 반복적인 재구매와 관련된 계속적인 비용과 반대되는 일회적인 비용이다(Porter, 1980). 고객이 현재의 공급자로부터 다른 공급자로 전환되는 과정에서 발생하는 비용이라고 정의할 수 있다. 이러한 비용은 경제적 비용뿐만 아니라 금전적, 사회적, 심리적으로 결합된 탐색비용, 거래비용, 학습비용, 충성고객에 대한 가격할인, 고객습관, 감정적 비용, 인지적 노력도 포함된 비용이다(Fornell, 1992).

Bendapudi and Berry(1997)는 전환비용을 의존성에 근거하여 설명하고 있다. 전환비용은 자원의존이론(resource dependence theory)의 핵심 개념인 의존성에 근거하여 전환비용이 고객을 특정 점포에 의존시키는 작용을 하여 고객과 점포 간의 지속적인 관계를 유지하게 함으로써 다른 점포로의 전환을 어렵게 하는 역할을 한다. 자원의존이론에 의하면 상대적 의존성이 높을수록 영향력이 증가하여 공급자의 전환을 어렵게 한다. 공급자 전환의 어려움의 이유는 전환함에 따라 필요한 금전적, 심리적, 시간적 추가비용으로 정의되는 전환비용을 들 수 있다. 공급자를 교체하게 될 때 추가적으로 발생할 수 있는 금전적 비용, 시간적 비용은 기존 거래선에 대한 의존성을 증가시킴으로써 전환을 어렵게 한다.

소비자는 서비스를 제공하는 현재의 공급자에 대해서 전환을 고려할 때, 얻을 수 있는 혜택뿐만 아니라 상실되는 비용에 직면하게 된다. 이러한 비용은 공급자를 바꾸고자 할 때 추가적으로 발생되는 시간적, 금전적, 심리적 비용을 의미한다(Dick and Basu, 1994). 전환비용은 고객이 서비스 공급자를 교체하고자 할 때 느끼는 위험부담에 대한 인식이라고도 정의할 수 있다(Colgate and Lang, 2001). 지각된 위험은 금전, 성능, 사회적, 심리적, 안전, 시간 등에 대한 손실을 말하며, 전환비용은 지각된 위험에 대한 불확실의 지각으로 서비스 공급자에 대한 소비자의 의존성을 높인다. 특히 상품구매보다 서비스 구매에서 전환비용이 더 높게 인식된다.

이상의 내용을 정리해 보면 전환비용은 현재 이용하고 있는 서비스 공급자를 다른 공급자로 바꾸고자 할 때 잃게 되는 혜택과 비용으로 정의할 수 있다. 그리고 서비스 기업을 전환할 경우 상실하게 되는 경제적 손실만이 아니라 서비스 공급자와의 관계가 단절됨으로 인해 느끼는 심리적, 감정적 손실 모두를 포함하는 개념으로 볼 수 있다. 또한 장기적으로 고객이 서비스 공급자와 관계유지를 위해 투자한 시간과 노력, 비용의 정도라고도 할 수 있다.

2. 전환비용의 역할

전환비용과 관련된 연구는 다양한 분야에서 진행되어 왔다. 전환비용은 미시경제학, 경영전략과 마케팅에서 고객이 현재의 공급자를 전환하는 의사결정과 행동에 영향을 미치거나 방해하는 용어로 사용된다. 전환비용은 한 공급자로부터 다른 공급자로 전환할 때 발생하는 비용으로 산업, 제품, 고객에 따라 서로 다른 영향을 미친다(Sharma and Patterson, 2000).

산업부문에서의 전환비용에 관한 연구는 기업 간 거래에서 전환비용의 중요성을 다루고 있다. 기업 간 거래를 유지하는 전환비용의 원천은 기업의 특성에서 오는 시장점유율과 시장진입순서, 기업의 경쟁우위에서 발생한다. 그리고 기업의 투자비용과 리스크 비용으로 형성된 진입장벽의 개념으로 설명하고 있다. 이러한 전환비용은 공급자 전환 시에 발생할 수 있는 금전적, 심리적인 관계비용으로 기존 거래선에 대한 의존성을 증가시켜 강력한 산업관계를 형성시킨다(Porter, 1980; Jackson, 1985).

경제학에서의 전환비용에 관한 연구는 소비자 부문에서 이루어지고 있다. 전환비용이 존재하는 시장에서 기업의 수익성과 고객행동을 수학적 모형으로 제시하고 있다(Klemperer, 1987, 1995; Beggs and Klemperer, 1992). 제시된 수학적 모형을 통해 전환비용이 인식되는 차별화된 제품과 서비스를 제공하는 기업의 수익발생을 설명하고 있다. 전환비용은 한 제품의 사용자가 다른 제품을 사용할 경우 가격 이상으로 지불하여야 하는 대가를 말하며, 시장의 가격구조와 제품차별화에 영향을 주고 있다(이도성, 1996). 전환비용은 기존의 공급자와의 지속적인 구매를 통해 소비자들에게 인센티브를 제공하며, 기업에게는 고객에 대한 독점적인 힘과 장기적인 수익과 시장점유율을 높인다.

소비자, 서비스 마케팅에서 최근에 전환비용에 대한 연구가 활발히 이루어지고 있다. 소비자 의사결정과정에 영향을 미치는 고객만족, 고객애호도, 고객유지의 기존 프로세스에 전환비용을 도입하여 기업의 방어적인 전략을 제시하고 있다. 지각된 전환비용이 결과변수인 고객유지와 고객애호도에 미치는 영향 관계를 다루거나, 고객만족과 고객가치와의 영향 관계를 검증하고 있다(Fornell, 1992; Jones et al., 2000, 2002; Burnham et al., 2003).

전환비용은 서비스 기업에게 고객이탈과 고객의 전환행동을 막아 주며, 고객유지에 중요한 영향요인으로 작용한다(Anderson and Sullivan, 1993; Jones et al., 2002). 전환비용의 역할은 다음과 같다.

첫째, 전환비용은 고객의 의사결정에 영향을 주어 고객유지에 영향을 미치는 주요한 요인이다(Fornell, 1992). 전환비용은 재구매 행동과 전환을 고려하는 소비자 의사결정과정에서 비용과 손실로 지각되어 의사결정에 영향을 미친다. 그리고 구매자가 원하지 않는 절차의 새로운 학습, 새로운 인간관계의 개발 등에 근거한 시간, 노력과 비용으로 인식되는 전환비용은 대안에 대한 탐색과 이동을 방지한다(Burnham et al., 2003).

둘째, 전환비용은 미래의 수익 원천이다. 전환비용은 왜 소비자들이 합리적인 행동을 하는지 설명하며, 지속적인 구매에 강한 영향을 미친다(Beggs and Klemperer, 1992). 소비자가 전환비용에 직면했을 때, 만약 금전적 비용, 노력, 시간, 불확실성의 이유로 인해 전환비용을 높게 지각한다면, 합리적인 소비자는 전환을 하지 않을 것이다. 이러한 관계는 소비자는 공급자에게 고착(lock in)되었다고 말할 수 있다(Schmalensee, 1981; Klemperer, 1987). 만약 공급업자가 고착된 소비자를 관리할 수 있다면, 고객들의 전환행동을 방지할 수 있으며, 고객유지 향상으로 장기적인 수익의 원천이 될 수가 있다.

그러나 무리한 전환비용의 구축은 고객들에게 부정적인 영향을 미칠 수 있다. 고객의 전환을 막기 위해 의도적으로 계약에 따른 불이익을 주는 이동비용(transfer fee)을 부과하거나 고객들을 인질(hostage)로 잡아 두는 경우가 있다. 고객에게 무리한 전환비용과 낮은 서비스품질을 제공하는 기업은 고객들의 부정적 태도형성과 부정적인 구전효과를 발생시키기도 한다(Lovelock and Wirtz, 2004).

제3절 전환비용의 구성차원

전환비용은 객관적인 금전적 비용만이 아닌 전환과정에서 발생하는 심리적 비용과 모든 비용들이 포함되기 때문에 이를 측정하는 것은 어려움이 있다. 전환비용의 인식과 역할에 관련된 선행연구에서 수용할 만한 전환비용의 구성차원에 대한 측정 방법이 제시되지 못했다(Porter, 1980; Jackson, 1985; Klemperer, 1987, 1995). 효과적으로 전환비용을 관리하기 위해서는 소비자가 인식하고 있는 다양한 비용의 유형을 구분하고 이해할 필요가 있다.

최근 전환비용과 관련된 많은 연구들은 전환비용을 여러 가지 다양한 세부항목으로 구성차원을 분류하고 있다. 경제학, 심리학, 마케팅 분야에서는 보통 전환비용을 연속성비용(continuity cost), 학습비용(learning cost), 매몰비용(sunk cost)으로 구성차원을 분류하고 있다(Burnham et al., 2003).

Klemperer(1987)와 Beggs and Klemperer(1992)는 전환비용을 거래비용(transaction cost), 학습비용, 계약비용(contractual cost)으로 구분하였고, Nissen(1992)은 전환비용을 거래비용과 학습비용으로 구분하였다. 거래비용은 새로운 상품 또는 서비스 공급자와 새로운 관계를 시작하거나 종료할 때 발생하는 비용이다. 학습비용은 새로운 상품 또는 서비스를 이용하면서 축적된 익숙함이나 편안함과 기존 서비스 수준에 도달하기 위해 요구되는 노력을 의미한다. 계약 비용은 기업이 소비자의 전환행동을 막기 위해 의도적으로 만들어 놓은 마일리지, 반복구매 할인과 같은 프로그램 관련 비용이다. Guiltinan(1989)은 전환비용을 계약비용, 초기비용, 심리적 몰입과 연속성비용으로 분류하였다. 그는 Klemperer(1987)가 구분한 거래비용과 학습비용을 함께 연속성비용으로 정의하였다. 연속성비용은 전환을 고려할 때 지각되는 위험이나 기회비용 등을 말한다. 그리고 심리적 몰입을 지금까지 특정 상품이나 서비스를 이용하면서 사용한 비용 등을 잃을 수 있는 매몰비용으로 정의했다.

전환비용과 관련된 최근의 많은 연구에서는 서비스전환비용 항목으로 Burnham et al.(2003)과 Jones(1998), Jones et al.(2002)의 연구에서 사용되었던 구성차원들을 활용하고 있다.

Jones(1998)는 전환비용의 구성요인을 연속성비용, 계약비용, 탐색비용, 학습비용, 초기비용, 매몰비용으로 제시하였다. Jones et al.(2002)의 연구에서 경제적, 심리적, 마케팅 등의 다양한 관점에서 연속성비용, 학습비용, 매몰비용으로 3개의 차원으로 구분하였다. 연속성비용은 현재 공급자와 지속적인 관계를 통해 얻게 되는 특별혜택을 잃게 되는 연속적인 혜택이 상실되는 비용을 의미한다. 학습비용은 서비스 공급자에 대한 정보를 획득, 탐색하고 평가하기 위해 소모되는 시간, 노력을 포함한 비용이다. 매몰비용은 공급자를 전환할 때 발생하는 공급자와의 관계를 형성하고 유지하기 위해 사용된 비용이 매몰되는 비용을 말한다. Jones et al.(2002)은 3개의 구성차원을 확장하여 은행과 미용서비스를 대상으로 24개 문항을 탐색적 요인분석으로 분석한 결과 6개의 전환비용의 구성개념을 제시했다.

첫 번째, 성과상실비용(lost performance cost)은 전환으로 잃을 수 있는 현재서비스 공급자가 제공하는 특별한 혜택이다. 두 번째, 불확실성 비용(uncertainty cost)은 검증되지 않은 공급자의 서비스에 대해서 느끼는 지각된 위험과 관련된 심리적 비용이다. 세 번째, 전환 전 탐색과 평가비용(pre‒switching search and evaluation cost)은 다른 대안을 찾고 평가하는 데 소요되는 시간과 노력비용이다. 네 번째, 전환 후 행동 및 인지비용(post‒switching behavior and cognitive cost)은 새로운 서비스를 익히는 데 소요되는 시간과 노력비용이다. 다섯 번째, 초기비용(setup cost)은 새로운 공급자와 관계를 시작하거나 새로운 제품을 초기 설정하는 데 드는 시간, 노력비용이다. 여섯 번째, 매몰비용(sunk cost)은 전환 시 느끼는 이전의 공급자에게 투자되고 소모되어 다시 회복할 수 없는 비용이다.

Burnham et al.(2003)은 신용카드와 장거리 전화 이용 소비자를 대상으로 다항목 척도를 이용하여 탐색적 요인분석(EFA)과 확인적 요인분석(CFA)을 통해 전환비용의 구성차원을 조사하였다. 탐색적 요인분석을 통해 전환비용을 절차적(procedural) 전환비용, 금전적(financial) 전환비용, 관계적(relational) 전환비용의 세 가지로 분류하였으며, 확인적 요인분석을 통해 세부적인 8개 요인을 제시하였다.

첫째, 절차적 전환비용에는 고객의 시간과 노력에 관련된 경제적 위험비용, 평가비용, 학습비용, 초기비용이 있다. 경제적 위험비용은 소비자가 불충분한 정보를 가진 서비스 공급자를 선택할 때 일어날 수 있는 부정적인 성과에 관련된 불확실성을 어느 정도 수용할 수 있는가에 대한 것이다. 평가비용은 전환을 결정할 때 대안에 대한 정보탐색과 분석을 하는 데 드는 시간과 노력이며, 학습비용은 새로운 공급자의 기술이나 방법을 습득하는 것과 관련된 시간과 노력을 말한다. 초기비용은 새로운 공급자와 관계를 처음 맺는 과정과 관련된 시간과 노력이다.

둘째, 금전적 전환비용에는 금전적으로 입을 수 있는 손실로 혜택의 손실(benefits loss)과 금전적 손실(monetary loss)비용이 있다. 혜택 손실비용은 새로운 서비스 공급자로 전환할 때 잃게 되는 할인과 포인트 적립과 같은 손실이며, 금전적 손실비용은 소비자가 투자했던 거래비용이다.

셋째, 관계적 전환비용은 개인 간 관계의 손실(personal relationship loss)비용과 브랜드 관계 손실(brand relationship loss)비용으로 구성되어 있다. 개인 간 관계 손실비용은 소비자가 관계를 맺은 공급자들과 유대가 단절됨으로써 발생하는 심리적 손실을 의미하며, 브랜드 관계 손실비용은 브랜드와 기업에 대해 형성된 유대감이 단절됨으로써 발생하는 심리적 손실을 말한다.

그 밖에 전환비용의 구성차원을 분류하고 정의한 또 다른 연구들은 다음과 같다. Patterson and Smith(2003)은 전환비용을 연속성비용과 초기비용, 매몰비용으로 분류하였다. 연속성비용은 전환으로 인해 잃을 수 있는 특별한 혜택의 손실과 교체된 서비스 공급자에 대한 불확실성에 대한 위험의 지각으로 구분하였다. 초기(학습)비용은 다른 서비스 공급자를 탐색하는 데 드는 시간, 금전, 노력을 포함한 학습비용으로 구분하였으며, 매몰비용은 장기간 동안 서비스 공급자와의 준사회적 관계에서 유지되고 고객이 투자한 감정, 금전적인 손실을 의미한다. Patterson(2004)은 전환비용을 심리적 비용, 경제적 비용, 초기비용으로 나누어 서비스 산업별 전환비용을 비교하였다. 심리적 비용개념은 심리적이고 감성적인 비용이며, 고객이 전환하고자 할 때 사회적인 관계결속과 서비스 공급자와 고객 사이의 관계기간 중 형성된 개인적인 친근감과 신뢰감으로 인하여 지각하게 되는 비용을 의미한다(Sharma and Patterson, 2000). Aydin et al.(2005)은 전환비용을 전환에 따라 발생하는 경제적, 금전적 손실과 같은 경제적 비용과 전환에 따른 구매자의 의사결정과 실행에 관련된 비용인 절차적 비용, 전환에 따른 불확실성과 사회적 유대의 상실과 관련된 심리적 비용으로 나누어서 검증하였다.

이상의 내용을 중심으로 각 연구자들에 따른 전환비용의 구성차원을 정리하면 <표 2 - 1>과 같다.

<표 2-1> 전환비용의 구성차원에 관한 연구

연구자	구성차원		측정내용
Klemperer(1987)	거래비용		새로운 상품 또는 공급자와 새로운 관계를 시작하거나 종료할 때 발생하는 비용
	학습비용		서비스를 이용하면서 축적된 익숙함, 편안함과 같은 기존 서비스 수준에 도달하기 위해 요구되는 노력
	계약비용		소비자가 쉽게 전환행동을 할 수 없도록 하기 위해 기업이 만들어 놓은 규제와 불이익에 관련된 비용(ex. 마일리지, 단골고객할인, 위약금)
Jones et al.(2002)	연속성비용	성과상실비용	기존의 서비스 공급자의 전환으로 잃게 되는 특별한 혜택
		불확실성 비용	검증되지 않은 공급자의 서비스에 대해 느끼는 심리적 비용
	학습비용	전환 전 탐색과 평가비용	다른 대안을 찾고 평가하는 데 소요되는 시간과 노력비용
		전환 후 행동과 인지적 비용	새로운 서비스를 익히는 데 소요되는 시간과 노력비용
		초기비용	새로운 공급자와 관계를 시작하거나 새로운 제품을 초기 설정하는 데 드는 시간과 노력비용
	매몰비용	매몰비용	전환 시 느끼는 이전의 공급자에 투자되어 다시 회복할 수 없는 비용
Burnham et al.(2003)	절차적 전환비용	경제적 위험비용	서비스 공급자를 선택할 때 일어날 수 있는 부정적인 성과에 관련된 불확실성
		평가비용	정보탐색과 분석을 하는 데 드는 시간과 노력
		초기비용	새로운 공급자와 관계를 처음 맺는 과정과 관련된 시간과 노력
		학습비용	새로운 공급자의 기술이나 방법을 습득하는 것과 연관된 시간과 노력
	재무적 전환비용	혜택 손실비용	새로운 서비스 공급자로 전환할 때 잃게 되는 할인과 포인트 적립과 같은 손실
		금전적 손실비용	소비자가 투자했던 거래비용
	관계적 전환비용	개인 간 관계 손실비용	소비자가 관계를 맺은 공급자와 유대가 단절됨으로써 발생하는 심리적 손실
		브랜드 관계 손실비용	브랜드와 기업에 대해 형성된 유대감이 단절됨으로써 발생하는 심리적 손실

연구자	구성차원	측정내용
Patterson and Smith (2003)	연속성비용	서비스 공급자 전환에 따라 잃게 되는 반복 구매에 따른 특별한 대우와 혜택 지각과 새로운 공급자에 대한 지각된 위험과 불확실성에 대한 지각
	학습(초기)비용	새로운 서비스 공급자를 찾기 위해 드는 시간과 노력과 같은 탐색 비용과 새로운 공급자와 관계를 처음 맺는 과정과 관련된 시간과 노력
	매몰비용	고객이 장기간 관계에서 투자되었던 심리적, 경제적, 기회비용에 대한 손실비용
Patterson (2004)	심리적 비용	서비스 공급자의 전환결정과 관련된 지각된 위험과 불확실성의 정도
	경제적 비용	반복구매자에 대한 특별한 대우와 가격혜택과 같은 보상에 대한 손실
	초기비용	새로운 공급자를 탐색하고 고객이 원하는 선호를 설명하는 데 드는 학습비용과 탐색비용
Aydin et al. (2005)	경제적 비용	전환에 따라 발생하는 매몰비용과 같은 금전적, 경제적 손실
	절차적 비용	전환에 따른 구매자의 의사결정과 실행과 관련된 비용
	심리적 비용	익숙하지 않은 대안으로 전환함으로써 발생할 수 있는 불확실성과 지각된 위험과 서비스 공급자와의 사회적 유대의 상실

<표 2-1>에서 보듯이, 연구자들은 전환비용 즉, 전환을 고려하는 고객들이 느낄 수 있는 다양한 비용을 여러 가지 구성차원으로 측정하고 있다. 대부분의 비용은 전환에 따라 발생하는 노력과 시간, 금전적인 비용이며, 이러한 비용은 불확실성과 위험에 대한 지각과 손실비용으로 볼 수 있다. 본서에서는 전환비용을 서비스 전환으로 잃을 수 있는 연속적인 혜택에 대한 상실비용과 불확실성의 비용으로 구성된 연속성비용, 다른 대안을 탐색하며 평가하고 익히는 데 소요되는 시간과 노력비용인 학습비용, 전환으로 잃게 되는 장기간 투자되었던 심리적, 경제적 비용인 매몰비용으로 구성하였다.

제3장 전환비용의 선·후행 변수

　본 장에서는 서비스이용고객들이 지각하게 되는 전환비용이 고객가치, 고객만족 및 고객애호도와의 관계를 살펴본다. 선행연구들을 고찰하여 전환비용에 관한 선행변수와 결과변수들에 관한 연구들을 구체적으로 살펴보고, 이들 연구의 한계점을 파악한다.

제1절 전환비용과 고객가치, 만족 및 애호도의 관계

방어적인 전략의 중요성으로 고객가치와 고객만족 및 고객애호도를 측정하고 향상시키는 연구가 진행되어 왔다. 본 절에서는 전환비용과 상호 관련성이 있는 고객가치, 고객만족과 고객애호도의 개념과 영향관계를 구체적으로 살펴본다.

1. 고객가치

고객가치(customer value)는 고객만족과 마찬가지로 고객애호도에 영향을 미치는 중요한 변수로 이해된다(Yang and Peterson, 2004). 가치(value)는 기능적, 상황적, 사회적, 감정적, 효율적인 속성을 가진 소비행동의 동기이다. 이러한 넓은 개념의 정의에도 불구하고 고객 가치는 품질과 가격의 상쇄관계(trade off)라는 협의의 관점에서 해석되고 있다(Mathwick, Malhotra and Rigdon, 2001).

마케팅에서의 가치에 관한 연구를 살펴보면 경쟁적 대안과 비교하여 지불된 편익과 제공된 혜택과의 상쇄관계로 설명되는 소비자의 소비가치(consumer consumption value), 지각된 가치(perceived value), 고객가치 세 가지 영역으로 구분할 수 있다. 소비자의 소비가치는 쾌락적, 상징적, 심미적 차원의 경험적 소비가치를 포함하는 고객의 구매 후 소비경험이다. 지각된 가치는 지각된 품질과 가격 사이의 상쇄관계로 발생하는 것으로 재구매의도에 영향을 미친다. 고객가치는 경쟁적 대안의 증가에 따라 고객들이 구매로부터 기대되는 가치로 비용과 편익 간의 상쇄관계 또는 심리적 비교로 구성되며, 최근 연구에서 주목받고 있다(Liu, 2006).

고객가치는 고객들의 기분이나 감정 및 흥미 등의 경험적 소비 가치와 소비자의 정보처리과정의 대부분을 차지하는 이성적인 소비가치가 합쳐진 개념으로 정의할 수 있다(김상현과 오상현, 2002). 이러한 고객가치는 경제적 고객가치와 경험적 고객가치로 구분할 수 있다.

1) 경제적 고객가치

경제적 고객가치는 소비자가 이성적·합리적 관점에서 구매활동을 통해 경제적 효용의 극대화를 추구한다는 가정에 근거하고 있다. Zeithaml(1988)은 고객가치를 제공된 혜택과 지불한 비용에 기초한 소비자의 전반적 평가로 정의하였다. 고객가치에 대한 개념을 네 가지로 정리하였다. 첫째, 가치는 가격과 동일한 개념으로 낮은 가격이다. 둘째, 가치는 제공되는 편익이다. 셋째, 가치는 가격과 품질 사이의 상쇄이다. 넷째, 가치는 내가 지불한 것에 대해 얻게 된 것이다. 이러한 가치에 대한 여러 가지 정의는 가치의 교환과정인 구매행동에 있어서 가치의 핵심적인 역할을 표현한 것으로 비용과 편익 사이의 상쇄효과를 다양한 측면에서 강조한 것으로 볼 수 있다. 가치의 편익개념은 지각된 품질이나 내생적·외생적인 모든 속성을 포함하고, 비용은 소비자가 희생하는 시간, 노력, 편리성과 같은 금전적·비금전적인 모든 비용을 포함한다.

Anderson and Narus(1998)는 고객가치를 구매에 대한 인센티브 개념으로 제안하고 있다. 고객가치를 경제적, 합리적, 이성적 관점에서 고객이 제품에 대해 지불하는 가격의 반대급부로 제공받는 경제적·기술적·사회적·서비스 측면에서의 편익을 가격으로 환산한 것이라고 정의하였다.

Dodds, Monroe and Grewal(1991)은 금전적·비금전적 모든 희생을 포함하여, 지각된 품질과 지각된 희생 간의 상쇄관계로서 지각된 가치를 정의하였다. Cronin, Brandy, Brand, Hightower and Shemwell(1997)도 서비스 가치를 개념화하고 측정하는 연구에서 서비스 가치를 서비스 품질과 그 서비스를 얻기 위해 지불된 희생 간의 상쇄로 보고 있다.

2) 경험적 고객가치

경험적 고객가치는 경제적 효용에 의해 구매의사결정을 하는 것이 아니라 구매과정과 구매 후 상품의 소비를 통해 경험하게 되는 기분이나 감정과 관련된 소비경험의 내재적 측면이다.

Hirshman et al.(1982)은 소비자는 단순히 이성적이고 합리적인 차원의 경제적 효용에 의해서만 구매의사결정을 하는 것이 아니라 구매과정과 구매 후 상품의 소비를 통해 경험하게 되는 복합적인 감각적 상상, 감정적 충족 및 자신이 바라는 현실에 동화되고 몰입되는 것을 경험함으로써 경험하게 되는 환상 등의 종합적인 소비경험을 고려하여 구매의사결정을 한다는 경험적 고객가치의 측면을 강조하고 있다.

경험적 고객가치는 외재적 편익과 내재적 편익을 제공한다. 고객이 느끼는 외재적 편익은 교환접점에서의 효율성과 실용적인 관점의 지각이며, 내재적 가치는 즐거움과 놀이성과 같은 주관적이고 개인적인 관점의 지각이다(Zeithaml, 1988; Holbrook, 1994).

Holbrook(1994)은 소비경험의 차원을 내생적·외생적, 능동적·수동적, 자기지향적·타인지향적인 소비가치의 세 가지 차원의 기준에 의해 효율성, 품질우수성, 놀이성, 심미성, 정치성, 존경, 덕성, 숭고성 등의 여덟 가지로 분류하였다. 고객가치는 가치창출이나 소비경험을 유발하는 제품이나 서비스와의 상호작용에 의한 교환활동에서 형성된다고 하였다.

Mathwick et al.(2001)은 인터넷 쇼핑몰 이용자들의 경험적 가치에 대한 연구에서 내재적·외재적, 활동적·반응적 가치의 이차원의 기준을 제시하였다. 시각적 매력과 즐거움의 가치와 관련된 심미성으로 그리고 일탈감과 내면적 즐거움과 관련된 유희성과 효율성과 경제적 가치와 관련된 서비스의 우수성으로 분류하여 고객가치를 개념화하고 적합한 측정체계를 개발하였다.

전환비용과 관련된 고객가치의 개념은 금전적인 지불뿐만 아니라 시간의 소비와 고객의 노력과 같은 비금전적인 희생을 포함하는 개념이다. 따라서 고객의 가치는 서비스 공급자로부터 얻을 수 있는 보상과 전환을 통해 잃을 수 있는 평가에 따른 결과로 볼 수 있다. 고객가치는 고객이 장기적으로 서비스 공급자에 대해 투자한 시간과 노력 그리고 비용에 대한 평가로 재구매행동에 영향을 미친다(Yang and Peterson, 2004).

이러한 선행연구를 바탕으로 본서에서는 고객가치란 고객이 지각하는 가격을 고려하여 서비스에 대한 전반적인 평가 및 서비스에 대한 우수성과 효율성에 대해서 내리는 전반적인 평가로 정의한다.

2. 고객만족

소비자들은 제품이나 서비스 구매 후 평가를 통해 다양한 심리적 반응 및 태도를 형성한다. 이러한 심리적 반응은 이성적 판단 또는 감성적인 반응으로 구성되는데, 이를 만족 혹은 불만족이라고 분류한다. 이렇게 형성되는 고객의 만족 혹은 불만족은 기업에게 중요한 영향을 미치는 요인 중의 하나로 기업의 미래 수익성 향상과 경제적인 성과에 영향을 미친다(Anderson, Fornell and Lehmann, 1994).

Oliver(1993)는 고객만족(customer satisfaction)을 특정거래를 선택 후 지각된 기대와 지각된 성과를 비교한 평가적 판단으로 정의하였다. 그리고 Anderson et al.(1994)은 시간의 경과에 따른 여러 번의 거래 및 서비스 경험에 근거한 평가로 정의하고 있다.

고객만족에 대한 연구는 행동의도에 미치는 영향을 다루는 독립변수와 다양한 요인이 고객만족에 미치는 영향을 다루는 종속변수의 두 가지 방향에서 주로 진행되어 왔다. 독립변수로서의 고객만족은 구매 후 요인으로 고객의 구매에 대한 경험이나 특정 제품이나 서비스에 대한 태도를 형성하게 되어 고객애호도나 재구매의도의 선행요인으로서 나타나게 된다. 또한 종속변수로서의 고객만족은 제품이나 서비스에 대한 기대나 선호, 평가기준으로서의 경험이나 적용수준, 서비스품질 등에 따라 영향을 받게 되는 구매 후 평가요인으로서 나타나, 주로 기대불일치이론과 공평성이론, 귀인이론을 중심으로 전개되었다(이유재, 2000).

고객만족의 개념은 다양한 관점에서 변화되어 왔다. 이러한 흐름은 고객만족을 4가지 개념으로 구분한다. 인지적 상태로 보는 관점(Howard and Sheth, 1969), 평가로 보는 관점인 기대－불일치 개념(Engel and Blackwell, 1982), 정서적 반응으로 보는 관점(Babin and Griffin, 1998) 그리고 인지적 판단과 정서적 반응의 결합으로 보는 관점(Oliver, 1993)으로 설명할 수 있다(박명호와 조형지, 2000). 서비스에 대한 고객만족은 서비스 이용경험에 근거한 전체적인 판단으로 기업의 서비스 이행에 대한 고객의 인지적 판단과 정서적인 평가나 반응의 결합을 의미한다(Anderson et al., 1994; Oliver, 1993).

고객만족에 대한 다른 두 가지 접근방식이 있다. 첫 번째 관점은 거래특유적(transaction－specific) 고객만족으로서 개별거래에 대한 성과를 기대와 비교함으로써 만족 여부를 판단하는 것이다(Oliver, 1980). 두 번째 관점은 누적적 고객만족(cumulative customer satisfaction)으로서 개별거래 각각에 대한 경험들이 모여서 결정된 제품 또는 서비스에 대한 전체적 평가결과이다. 따라서 고객만족은 시간의 경과에 따른 지속적인 반복거래 및 서비스 경험에 근거한 고객의 전반적 평가로 정의할 수 있다(Cronin and Taylor, 1992; Oliver 1993; Anderson et al., 1994).

전환비용과 관련된 고객만족의 개념은 고객과 서비스 공급자 사이에서 일어나는 구매와 관련된 전반적인 평가이다. 전환비용은 고객이 장기적으로 서비스 공급자에 대해 투자한 시간과 노력 그리고 비용의 평가와 친숙성이다. 따라서 전환비용의 인식은 서비스 공급자에 대해 고객의 욕구와 원하는 혜택을 얻기 위해 서비스 공급자를 유지하며, 고객만족 정도에 반영된다(Lam et al., 2004).

고객유지 및 재구매의도는 장기적인 관계를 추구하는 것이 목표이므로, 일 회 거래에 의한 평가결과인 거래특유적 고객만족보다는 지속적 거래의 누적결과에 따라 형성되고 유지되는 누적적 고객만족이 본서에 더 적합하다고 판단된다. 따라서 본서에서는 고객만족을 누적적 고객만족 관점에 따라서 시간의 경과에 따른 여러 번의 거래경험에 근거한 전반적 평가로 정의하기로 한다.

3. 고객애호도

고객애호도(customer loyalty)는 선호하는 제품이나 서비스를 지속적으로 구매하게 만드는 행동이다. 해당 브랜드에 대한 깊은 몰입으로 상표전환을 야기할 수 있는 상황이나 마케팅적 시도에도 불구하고 동일한 브랜드를 재구매하는 행동적 경향성과 호의적 태도를 뜻하는 것으로 언급되고 있다.

고객애호도는 여러 가지 주위의 환경에도 불구하고 다른 제품이나 서비스로 전환하지 않고 계속적으로 특정 브랜드나 상품을 미래에도 반복 구매하는 소비자의 헌신이라고 정의할 수 있다(Oliver, 1999). 고객애호도는 한 기업의 제품 및 서비스에 대한 소비자의 애착과 애정 등과 같은 감정상태로 정의할 수 있다(Jones and Sasser, 1995). 고객애호도는 서비스 기업을 위한 지속적인 경쟁우위의 주요한 원천 중의 하나이며, 높은 수준의 고객애호도는 지속적인 경쟁우위 창출, 고객유지와 종업원의 사기와 생산성을 높일 수 있다(Lee and Cunningham, 2001).

고객애호도는 긍정적 구전과 재구매 행동 의도로 나타나며, 고객과 서비스공급업자와의 장기적인 관계 구축으로 발전된다. 서비스의 무형성과 이질성으로 인해 지각된 위험이 높은 서비스 산업의 특성상, 고객들은 신뢰하는 공급자들에게 집중적으로 구매를 한다. 고객애호도를 가진 고객의 유지는 기업에게 많은 이익을 준다. 첫째, 반복구매를 통한 구매량의 증가이다. 둘째, 이용경험에 따른 운영비용의 절감이다. 셋째, 다른 소비자에 대한 긍정적인 구전효과이다. 지각된 위험과 무형성을 가진 서비스 구매에서 이러한 정보는 소비자들에게 중요한 정보의 원천으로 작용한다. 넷째, 신규 고객 유치를 위해 가격할인 유인이 필요하기도 하지만, 장기고객은 균일한 가격과 신뢰를 바탕으로 가격프리미엄 효과로 기업의 지속적인 경쟁우위를 보장해 준다(Reichheld and Sasser, 1990; Reichheld, 1996; Bateson and Hoffman, 1999).

고객애호도에 대한 연구는 행동론적 관점, 태도론적 관점, 통합론적 관점에서 이루어져 왔다. 첫째, 행동론적 접근은 고객애호도의 지표로 재구매행동, 반복구매빈도수, 특정브랜드에 대한 장기적 선택확률, 구매행동에서의 특정브랜드 비중, 상표전환행동 등 외적 구매행동 측면에 초점을 맞추고 있다. 둘째, 태도론적 접근법은 고객애호도에 인지적, 감정적, 의도적 요소를 모두 포함한 개념이다(Oliver, 1999; Lee and Cunningham, 2001). 인지적 요소는 브랜드 정보 및 속성에 기초하는 신념 측면이다. 감정적 요소는 브랜드에 대한 애정과 심리적 밀착을 의미한다. 의도적 충성도는 해당 브랜드를 계속 사용하고자 하는 의도로 정의된다. 셋째, 행동적 측면과 태도적 측면을 포함하는 통합론적 관점이다(Dick and Basu, 1994).

Dick and Basu(1994)는 이러한 행동 측면과 태도 측면을 각각 두 축으로 하여 고객애호도를 네 가지 유형으로 분류하였다. 태도와 구매행동에서 모두 긍정적 반응을 나타내면 진정한 애호도(true loyalty), 긍정적 태도만이 형성된 경우는 잠재적 애호도(latent loyalty), 긍정적 태도 없이 반복구매행동만이 나타나는 경우는 의사애호도(spurious loyalty), 그리고 태도와 구매행동에서 모두 부정적 반응이 나타나는 비애호도(low loyalty)로 고객애호도를 분류하였다.

Coyles and Gokey(2005)는 소비자행동에 따른 고객애호도를 두 가지 범주로 나누고 이를 다시 여섯 가지로 세분하여 설명하였다. 애호도가 높은 고객(loyalist)은 심리적 몰입이 높고 전환을 고려하지 않는 감정적 애호도를 가진 고객, 높은 전환비용인식과 제품에 대한 관여도가 낮은 습관적인 타성에 의한 애호도를 가진 고객, 속성과 성능을 신중하게 비교하는 심사숙고형 애호도를 가진 고객으로 구분하였다. 이에 반해 애호도가 낮아지거나 다른 대안으로 전환하는 고객은, 새로운 욕구의 발생으로 인한 라이프스타일의 변화와 지속적으로 다른 대안을 평가하면서 새로운 대안을 선택하거나 제공되는 제품과 서비스에 불만족행동으로 다른 대안을 제공하는 공급자로 이동하게 된다.

Oliver(1999)는 통합적인 관점에서 체계적이고 포괄적인 개념적 틀을 이용하여 고객애호도를 인지적 애호도, 감정적 애호도, 행동의도적 애호도, 행위적 애호도의 4단계로 제시하고 있다. 구체적으로 설명하자면 가격 또는 속성과 같은 정보에 의한 인지적 애호도,

좋거나 싫은 감정과 관련된 감정적 애호도, 구매하려고 하는 의도와 관련된 행동의도적 애호도, 구매의 장애를 제거하며 행동의 재이용 빈도인 행위적 애호도로 구분할 수 있다. 이러한 개념은 제품을 근거로 한 애호도 개념이기 때문에 서비스 애호도 측정에 직접적으로 적용하기에는 한계가 있다. 김철민(2002)은 서비스 애호도의 결정요인에 관한 연구에서 고객애호도를 서비스 산업에서 측정 가능한 형태로 구체화하였다. 인지적 애호도를 점포와 기업의 이미지로, 감정적 애호도를 타인으로의 추천과 긍정적 구전으로, 의도적 애호도는 재구매와 재이용의지로, 행위적 애호도는 재이용 빈도로 측정하였다. 연구결과 이·미용실을 대상으로 한 서비스만족과 전환비용이 미치는 고객애호도의 영향은 감정적 애호도와 의도적 애호도에서 유의한 것으로 나타났다.

본서에서는 고객애호도의 구성개념 중 서비스 업종에서 유의한 영향력이 검증된 서비스에 대한 추천, 긍정적 구전과 관련된 감정적 애호도, 재구매와 관련된 행동의도적 애호도를 결과변수로 이용하였다.

전환비용과 관련된 고객애호도의 개념은 서비스 공급자의 전환을 포기하고 기존 공급자를 유지할 때 얻을 수 있는 다양한 혜택 인식을 포함하고 있다. 즉 서비스 공급자를 유지함으로써 얻는 혜택에 따른 즐거움은 다른 고객들에게 긍정적 구전효과와 재구매행동을 하게 한다. 여기서 전환비용의 인식과 고객애호도는 긍정적인 관계를 가지고 있다(Lam et al., 2004). 고객애호도가 높을수록 구매대안에 대한 평가와 탐색하는 시간을 최소화하며, 새로운 공급자로 전환하는 데 필요한 노력, 시간과 같은 학습과정을 피하게 한다(Yang and Peterson, 2004).

1) 전환비용, 고객가치와 고객애호도의 관계에 관한 연구

고객만족과 유사한 맥락으로 고객애호도에 영향을 미치는 요인으로 고객가치가 제시되고 있다.

이학식과 김영(1999)의 연구에서 서비스가치는 직접적으로 구매의도에 영향을 미칠 뿐만 아니라 간접적으로도 고객만족을 통해서 구매의도에 영향을 미치는 것으로 확인되었다. 서비스품질과 비용 간의 상쇄관계 개념을 포함하는 서비스가치는 만족에 직접적인 영향을 미치는 동시에 만족의 매개역할 없이도 구매의도에 직접 영향을 미친다는 것을 의미한다. 김상현과 오상현(2002)의 연구에서는 고객가치, 전환비용, 고객만족을 재구매의도의 결정요인으로 제시했다. 고객가치는 고객만족을 통해 재구매의도에 간접 영향을 미칠 뿐만 아니라 직접적 영향을 미치는 것으로 나타났다. 재구매의도는 애호도의 핵심개념이라고 할 수 있다. 고객가치의 유의한 영향의 결과는 고객의 재이용을 지속적으로 유지시키기 위해서 고객만족과 더불어 높은 고객가치를 제공해야 함을 시사하고 있다.

Cronin et al.(2000)의 연구에서도 고객가치가 만족과 행동의도에 영향을 미치는 연구모형이 제시되었다. 인지적 요소를 통한 가치인식이 감정적 평가인 고객만족과 행동의도에 영향을 미치는 것으로 고객가치가 고객만족보다 행동의도에 더 영향을 주는 것으로 나타났다.

Yang and Petterson(2004)의 연구에서 대안에 대한 경험가치와 경제적 가치인 고객가치를 이용하여 고객만족과 고객애호도에 유의한 영향을 미치는 것을 확인하였다. 고객가치는 고객만족보다 고객애호도에 미치는 영향이 더 높게 나타났다. Lam et al.(2004)의 연구에서도 동일한 결과가 나타나고 있다. B to B 서비스에서 고객가치, 전환비용과 고객만족이 고객애호도에 미치는 영향을 검증한 결과, 고객가치는 고객만족보다 추천의도와 관련된 감정적 애호도에 미치는 영향은 낮게 나타났으나, 고객만족보다 반복구매와 관련된 행동의도적 애호도에 영향을 더 미치는 것으로 나타났다. 그러나 고객가치와 전환비용의 직접적인 영향관계는 나타나지 않았다.

2) 전환비용, 고객만족과 고객애호도와의 관계에 관한 연구

기업의 지속적인 수익창출과 성장을 위해서는 고객만족 향상이 중요한 요인으로 받아들여지고 있다. 그리고 고객만족이 소비자의 행동의도인 재구매의도와 구매행동에 영향을 미친다는 것은 많은 연구에서 검증되고 있다(Oliver and Swan, 1989; Cronin and Taylor, 1992; Anderson and Sullivan, 1993).

Cronin and Taylor(1992)는 서비스산업을 대상으로 한 연구에서 고객만족이 재구매의도에 긍정적인 영향을 미치는 것을 발견하였으며, Anderson and Sullivan(1993)의 연구에서는 제품 및 서비스기업에 대한 검증결과 만족이 재구매의도에 긍정적인 영향을 미친다는 것으로 나타났다. Jones et al.(2000)은 서비스 산업을 대상으로 한 연구에서 고객만족이 고객유지의 중요한 요인이라는 것을 발견하였다. 그리고 전환비용이 고객만족과 고객유지 사이에서 조절영향을 미치는 것을 확인하였다.

고객만족이 고객애호도로 연결된다는 연구는 다수 존재한다(Oliver, 1980; Dick and Basu, 1994; Fornell, 1992). 고객만족은 고객애호도의 선행변수로서 역할을 하고 있으며 만족과 고객애호도는 정(＋)의 관계를 가지고 있다. 고객이탈을 방어하는 고객유지전략에서도 중요한 요인 중의 하나이다. 고객만족도가 높아 고객유지율이 높은 경우 신규고객 확보를 위해 사용하는 마케팅 비용은 감소하고, 만족한 고객은 더 많은 제품과 서비스를 이용하여 기업의 장기적 수익에 영향을 미친다.

그러나 고객만족은 항상 고객애호도와 연결되는 것은 아니다. 불만족한 고객도 다른 대안의 공급자에 대한 기대가 낮으면 고객애호도가 유지되며, 만족한 고객도 더 나은 만족을 얻을 수 있는 대안의 공급자에 대해 고객애호도가 발생한다(Mittal and Lassar, 1998). 일반적으로 만족의 수준이 높은 고객은 서비스 공급자를 유지하고 지속적으로 이용할 가능성이 높다. 그런데 일부 연구에 의하면 고객만족은 전반적으로 고객유지에 긍정적인 영향을 미치는 중요한 변수이지만, 항상 충분한 조건은 아니며 유의한 영향이 나타나지 않을 수 있어 다른 영향요인에 대한 분석의 필요성이 제기되고 있다(Anderson and Sullivan, 1993; Neal, 1999; Jones et al., 2002).

연구자들은 만족수준이 낮음에도 불구하고 재구매를 하는 이유는 습관적 구매, 전환비용, 서비스 복구 등의 변수를 제시하고 있다(Jones and Sasser, 1995; Jones et al., 2000; Lee, Lee and Feick, 2001). 일부 고객들이 부정적인 서비스 경험을 하더라도 지속적인 구매를 하는 것은 전환비용의 인식, 다른 대안의 차별성 부족, 지리적 제약, 시간, 금전적 제약과 습관적인 행동 때문인 것으로 나타났다(White and Yanamandram, 2004).

White and Yu(2005)는 만족의 감정과 소비자의 행동의도를 연구하였다. 만족의 감정을 긍정적인 감정, 부정적인 감정, 양방향적인 감정으로 구분하였다. 그리고 이러한 만족의 감정이 긍정적인 구전, 불평행동, 전환행동, 추가적인 지불의도에 미치는 영향을 검증하였다. 긍정적인 감정은 긍정적인 구전과 추가적인 지불의도에 정(+)의 영향을 가지며, 불평행동과 전환행동에는 부(−)의 영향을 가지고 있다. 나머지 부정적인 감정과 양방향적인 감정은 긍정적인 구전과 추가적인 지불의도에 부(−)의 관계를 가지며, 불평행동과 전환행동에는 정(+)의 관계를 가지고 있다.

제2절 전환비용에 관한 기존연구

본 절에서는 선행연구에서 제시되고 있는 전환비용의 선행변수와 결과변수를 정리한다. 그리고 전환비용이 결과변수에 미치는 직·간접 영향과 조절효과에 관련된 선행연구를 살펴본다. 이러한 선행연구를 바탕으로 기존 연구의 한계점 및 연구제안을 제시한다.

1. 전환비용의 선행변수에 관한 연구

고객유지를 위한 방어적인 전략을 실행하기 위해서는 전환비용에 영향을 주는 선행요인에 대한 이해가 필요하다. 일반적으로 고객만족은 고객애호도의 기본적인 영향요인으로 작용하는 것으로 고객만족의 정도가 높을수록 고객은 다른 공급자로 전환하지 않고 현재 서비스 공급자를 지속적으로 이용하려 하게 된다. 그런데 만족의 정도가 낮거나 불만족한 고객들도 다른 공급자로 전환하기보다는 현재의 공급자를 유지하려는 경우가 있다(Anderson and Sullivan, 1993).

이러한 현상은 다양한 서비스 산업에 나타나고 있으며, 많은 연구에서 전환비용과 전환장벽이라는 개념을 통하여 설명되고 있다. 이들의 연구에서 선행요인은 전환비용, 대인간 관계, 대안의 매력 등에 의해서 형성되는 것으로 나타나고 있다(김대환, 2005). 선행 연구들에 의하면 전환장벽은 하나의 이론적인 개념이며 실증분석이나 연구에서는 전환장벽을 구성하는 세부요인들로 구분하여 분석되고 있다. 전환장벽은 고객이 현재 이용 중인 서비스 제공자와의 관계를 종결하고 다른 서비스 공급자로 전환하는 것을 어렵고 비용이 들게 하는 모든 요인으로 정의할 수 있다(정인근 외, 2004). 전환장벽을 측정한 연구에서는 전환에 따라 지각하는 시간적, 금전적, 심리적 비용으로 측정되고 있다(Ranaweera and Prabhu, 2003; Kim, Park and Jeong, 2004). 이러한 측정은 전환비용의 측정개념과 같다고 할 수 있다.

전환비용은 서비스를 제공하는 공급자의 전환을 고려할 때 발생되는 시간적, 금전적, 심리적 비용을 의미한다. 이러한 전환비용은 시장의 성격, 서비스에 대한 고객의 투자, 소비자의 경험, 고객과 기업의 특성과 같은 선행요인의 측정변수에 의해 정(+) 또는 부(−)의 영향을 받는다. 전환비용의 선행요인에 관련된 많은 연구에서 대안의 경험, 대안의 매력도, 대인간 관계 등의 변수를 전환비용의 선행요인으로 제시하고 있다(김철민, 2002, 2004; 고상덕, 2003;

Burnham et al., 2003; 이유재와 이청림, 2005). 전환비용의 선행요인에 대한 이해는 전환비용의 구축과 효과적인 방어적 전략으로 활용할 수 있다. 전환비용의 선행요인과 전환비용과 관련된 연구를 살펴보면 다음과 같다.

김철민(2002)은 미용실 이용 고객을 대상으로 고객애호도의 결정요인으로 만족과 전환비용을 제시했다. 전환비용의 선행요인으로 해당 거래선 측면, 경쟁업체 측면, 소비자 측면으로 구분하여, 대인간 관계, 경쟁업체의 매력도, 다양성 추구성향으로 설정하였다. 대안의 매력도와 다양성 추구성향은 유의하지 않은 결과가 나타났으나, 대인간 관계는 유의한 결과가 나타났다. 김철민과 조광행(2004)은 인터넷 쇼핑몰을 대상으로 고객애호도의 결정요인을 다시 한 번 검증하였다. 전환비용의 선행요인으로 서비스품질, 상품가치, 타 쇼핑몰 매력도, 상호 작용성, 다양성 추구성향과 같은 변수를 제시하였으며, 검증결과 전환비용의 선행요인으로 상품가치와 상호 작용성, 다양성 추구성향 등이 확인되었다. 이러한 결과는 상품가치 증대전략의 개발과 인터넷 쇼핑몰에서의 커뮤니케이션과 쌍방향 의사소통의 확대와 소비자의 다양성을 수용하기 위한 노력이 필요하다는 점을 밝히고 있다.

Burnham et al.(2003)은 전환비용을 결정하는 요인으로 시장의 성격, 서비스에 대한 고객의 투자 정도, 해당 서비스 영역에서의 경험으로 구분하였다. 시장의 성격은 제품의 복잡성과 제공업자의 이질성으로 구분된다. 시장의 성격과 고객의 투자 정도는 전환비용 인식에 정(+)의 영향을 미치며, 해당 서비스 영역에서의 경험은 전환비용 인식에 부(-)의 영향을 미치는 것으로 나타났다. 서비스

에 대한 고객의 투자 정도는 만약 공급업자와 관계를 종결짓는다
면 잃게 되는 서비스 공급자와의 형성된 관계의 투자 정도로, 제
품의 이용 정도와 제품의 변형이용과 같은 변수로 구성되어 있다.
해당 서비스 영역에서의 경험은 대안의 평가와 새로운 정보를 배우
는 것과 관련이 있으며, 대안의 경험과 전환의 경험으로 구성된다.

　고상덕(2003)은 호텔·외식산업의 재방문 고객을 중심으로 전환
비용의 결정요인과 재구매의도에 관한 연구를 하였다. 전환비용의
선행요인으로 만족, 대안매력도, 서비스품질, 관계혜택, 물리적 환
경을 제시하여 영향을 검증하고 있다. 다른 연구와 다르게 전환비
용의 선행변수로 고객만족을 제시하고 있다. 이와 유사한 Hellier,
Geursen, Carr and Rickard(2003)의 고객 재구매의도에 관한 연구에
서도 고객만족이 전환비용에 직접적인 영향관계를 보이고 있다. 배
상욱, 김완민과 김은영(2005)의 연구에서도 전환비용을 고객만족과
고객충성도 매개변수로 이용하여 고객만족을 전환비용의 선행변수
로 제시하고 있다. 그리고 김세범과 변충규(2005)의 고객만족 형성
후, 재구매의도 영향관계에 대한 연구에서도 고객만족은 고객애호
도와 재구매의도뿐만 아니라 전환비용에도 직접적인 정(+)의 영향
을 주는 것으로 확인되었다. 이러한 연구는 만족과 재구매, 고객애
호도 사이에서 전환비용의 영향을 밝히기 위해 전환비용을 매개변
수로 사용한 연구에서 이루어지고 있다.

　이유재와 이청림(2005)의 연구에서는 이동전화와 신용카드 서비스
를 대상으로 전환비용의 선행요인 및 결과변수와의 영향관계를 조
사하였다. 이들은 Burnham et al.(2003)의 연구를 바탕으로 전환비용
을 결정짓는 요인들로 해당 서비스의 이용 정도와 대안의 경험 정

도를 선정하였다. 선행요인으로 기존 서비스 공급업자와의 관계 측면에서 내·외부적인 요소로 기존 서비스에 대한 이용 정도와 대안의 경험 정도로 구분하여 전환비용과 지속적 이용의도에 미치는 영향을 검증하였다. 서비스에 대한 이용 정도는 기각되었으나 대안의 경험 정도는 전환비용에 부정적인 영향을 주는 것으로 나타났다.

〈표 3-1〉 전환비용의 선행요인에 관한 연구

연구자	선행요인	측정변수
김철민(2002)	해당 거래선 측면 경쟁업체 측면 소비자 측면	대인간 관계(+) 대안의 매력(-) 다양성 추구(-)
Burnham et al.(2003)	시장의 성격	제품의 복잡성(+) 공급자 이질성(+)
	서비스에 대한 고객의 투자	이용 정도(+) 서비스의 변형 이용(+)
	해당 서비스 영역에서 경험	대안의 경험(-) 전환의 경험(-)
고상덕(2003)	문헌고찰 통해 요인 제시	만족(+) 대안의 매력(-) 서비스 품질(+) 관계혜택(+) 물리적 환경(+)
김철민과 조광행(2004)	가설 검증을 통해 요인 제시	상품가치(+) 상호 작용성(+) 다양성향(-)
배상욱 외(2005)	문헌고찰 통해 요인 제시	관계혜택(+) 고객만족(+)
이유재와 이청림(2005)	서비스 공급업자와의 내부적인 관계 서비스 공급업자와의 외부적인 관계	서비스에 대한 이용 정도(+) 대안의 경험 정도(-)

<표 3-1>에서 보듯이, 전환비용의 선행요인을 살펴보면 크게 기존 서비스 공급자 측면과 소비자 측면으로 구분할 수 있다. 기존 서비스 공급자 측면은 대인간 관계, 관계혜택, 상호 작용성과

같은 변수들로 고객과 서비스 공급자와 형성된 관계와 유대의 정도로 볼 수 있다. 소비자 측면은 대안의 경험, 대안의 매력, 다양성 추구와 같은 변수들로 다른 서비스를 제공하는 대안에 대한 소비자의 경험 또는 다양성 행동성향으로 볼 수 있다. 그리고 기타 선행요인으로 제시되고 있는 고객만족의 정도는 고객들에게 다양한 혜택을 인식시켜 전환을 통해 잃게 되는 혜택상실로 영향을 미치어 전환행위를 억제시키는 역할을 하고 있다.

지금까지 전환비용의 선행연구들을 살펴보았다. 선행된 연구에서 전환비용의 선행변수로 많은 요인들이 제시되고 있다. 연구자별로 공통되게 많이 활용되고 있는 변수들은 대안의 매력, 대인간 관계, 대안의 경험과 같은 것들이다. 구체적으로 이러한 변수들의 개념과 영향력을 살펴보면 다음과 같다.

1) 대안의 매력

대안의 매력은 고객들이 현재의 서비스 공급자와 비교하여 최선으로 기대되는 대체 서비스의 수준이다(Ping, 1993; Jones, 1998; Jones et al., 2000). 만족하지 않은 고객들이 서비스 공급자와 관계를 단절하지 못하고 서비스 공급자를 유지하는 이유는 고객이 기존서비스 공급자들이 제공하는 서비스보다 우수한 서비스를 제공하는 대체 서비스를 발견하기 어렵기 때문인 경우도 있다. 서비스 부문에서의 대안의 매력은 이용 가능한 대안들에 대해 소비자가 어느 정도 인지하고 있느냐를 의미한다. 대안의 매력은 서비스의 특성상 불확실성이 크기 때문에, 대안이 될 수 있는 서비스 공급자를 변경할 것인지 유지할 것인지에 대한 의사결정에 많은 영향을 미친다(방호열과 김성호, 2005).

소비자들의 구매의사 결정과정에서 서비스 대안을 제공하는 공급자들의 숫자는 서비스 공급자를 유지하고 결정하는 데 영향을 미친다. 대안을 제공하는 소수 또는 다수의 공급자의 수는 산업의 경쟁구조를 결정하며, 소비자들의 의사결정 시 선택할 수 있는 대안인 환기된 제품군에 추가되어 대안의 결정에 영향을 미친다(Colgate and Lang, 2001). 따라서 경쟁이 심한 산업 환경은 고객의 입장에서 본다면 선택할 수 있는 대안의 수가 많아짐을 의미하고, 이는 그들의 욕구에 맞는 제품 및 서비스를 자유롭게 선택할 수 있다는 것을 뜻한다. 즉, 시장의 경쟁에서 기존에 구입한 제품 이외의 제품출현 가능성을 높아지게 하여 고객이 기존 기업으로부터 대체할 가능성이 높아진다(박노천, 2004).

대안의 매력은 산업 내 경쟁구도와 서비스 공급자 간의 차별화와 밀접한 관련이 있다. 동일하거나 관련 산업 내에서 대안이 되는 서비스 공급자의 수가 적으며, 기존 서비스 제공기업이 경쟁자가 제공하기 어려운 차별화된 서비스를 제공하면 고객이 느끼는 대안의 매력이 낮아지게 된다(Bendapudi and Berry, 1997). 따라서 고객들은 고려하는 서비스 대안의 수가 적다고 인식하거나 대안이 되는 서비스 공급자의 차별화된 이미지나 서비스 제공능력이 기존 사업자보다 우수하다고 인식하지 않는다면 다른 대안으로 이탈할 가능성은 낮아지고 기존사업자를 유지하려고 한다(Jones et al., 2000).

이러한 대안의 매력은 관계지속을 결정하는 중요한 요소로 인식되며, 매력적인 대안의 부족은 고객을 방어하기에 호의적인 상황이라고 할 수 있다(Ping, 1993). 만일 고객들이 매력적인 대안을 제공하는 공급자들을 인식하지 못하면 고객들은 만족수준이 낮아지더라도 전환을 하지 않고 현 서비스 공급자를 지속적으로 이용하게 된다. 하지만 만일 고객들이 더 나은 서비스의 이용 가능성, 지역의 근접성, 낮은 비용 혹은 재무적 이익의 약속 때문에 대안이 매력적인 것으로 지각한다면, 현 관계를 종결하고 새로운 공급자에게 가기로 결정할 것이다(이호정, 2004a).

Mittal and Lassar(1998)은 대안적인 서비스 공급자로부터 더 나은 서비스를 기대할 수 없을 경우, 현재의 서비스 공급자에 불만족한 고객들일지라도 기존의 서비스를 계속 이용하게 되고, 기존 서비스에 만족한 고객일지라도 더 나은 만족결과를 얻기 위해서 서비스 공급자를 변경할 수 있다고 하였다. Sharma et al.(2000)의 연구에서도 고객이 현재 이용 중인 서비스를 중단하거나 다른 서비스 공급자로 전환하지 못하는 원인을 대체할 수 있는 서비스 대안의 매력이 낮은 이유를 제시하고 있다. Jones et al.(2000)도 서비스를 계속적으로 유지하려는 이유는 서비스 변경을 위한 대안의 수가 적거나 매력적인 대안이 발견되지 않기 때문이라고 주장하였다.

Ping(1993, 1994)은 유통채널에서 공급업체에 대한 소매업자의 만족과 대안의 매력에 관한 연구를 통해서 소매업자가 느끼는 대안의 매력도가 높을 때 현재의 공급업자를 교체하는 경향이 커진다는 것을 발견하였다. 연구결과 현재 공급자와 소매업자의 관계에 대한 낮은 수준의 만족도에서는 대안에 대한 매력은 퇴거의도와 전환에 영향을 미치고 있다. 즉 만족수준이 낮을 때 대안의 매력이 낮으면 현재 공급자와 관계를 유지하지만 대안의 매력이 높게 인식되면 현재의 공급자를 전환한다. 하지만 현재의 공급자와의 높은 수준의 만족도에서는 경쟁대안에 대한 매력 정도는 영향을 주지 못했다. 이호정(2004b)의 연구에서 경쟁자의 매력도는 고객만족에 비해 상대적 영향력은 약하지만, 고객만족과 함께 고객의 전환의도에 영향을 미치는 선행요인으로 작용하였다. 대안의 매력은 고객의 서비스 공급자에 대한 의존도에 영향을 미침으로써 고객의 전환의도에 긍정적인 영향을 미치는 것으로 나타났다.

2) 대안의 경험

대안의 경험(alternative experience)은 다른 경쟁 공급자가 제공하는 다양한 제품이나 서비스를 이용한 경험의 정도와 친숙성이라고 정의할 수 있다. 다른 서비스 대안을 제공하는 공급자에 대한 경험의 증가는 새로운 공급자가 제공하는 제품과 서비스 이용에 대한 불확실성을 감소시켜 준다. 그리고 대안의 경험을 통해 새로운 학습과 제품평가에 필요한 정보를 얻게 됨으로써 기존의 공급자에 대한 의존성을 감소시킨다. 새로운 공급자를 이용한 경험으로 높아진 경쟁 서비스 대안에 대한 친숙성과 불확실성의 감소는 전환에 대한 위험의 지각과 비용에 대한 인식을 낮게 하여 다른 제품과 공급업자로 이동하는 전환행동을 높일 수 있다(Burnham et al., 2003).

대안의 평가과정에서 이용경험과 빈도는 소비자들의 제품과 서비스 선택 또는 구매의 지속에 영향을 미치고 있다. 소비자는 제품과 서비스 구매상황에서 다양한 위험 인식을 통해 불확실성을 느끼게 되며, 전환행동에 대해 신중하게 고려한다. 하지만 소비자 측면에서의 다른 대안에 대한 경험과 전환의 경험은 이러한 불확실성을 줄여 주며, 다른 공급자에 대한 친숙성을 증가시켜서 전환행동에 영향을 미친다. 이러한 영향을 통해 고객들은 대안을 경험함으로써 기존의 서비스 공급자와 다른 차별화된 매력적인 대안을 찾게 된다. 기존에 맺어진 관계보다 더 매력적이거나 더 나은 결과를 기대할 수 있는 대안의 존재는 고객들이 기존 공급자와 관계를 단절시키고 새로운 관계를 형성하는 충분한 동기가 된다. 따라서 기업들에게는 고객들이 가능한 다른 대안을 경험하지 못하도록 대안의 경험을 방지하는 방안이 요구된다(Jones et al., 2000; 이유재와 이청림, 2005).

전환의 경험(switching experience)은 소비자가 과거에 공급자를 전환한 경험의 정도로 정의할 수 있다. 전환의 경험은 새로운 공급자에 대한 전환에 대한 불확실성을 줄이고 학습에 대한 친숙성을 증가시킨다(Nilssen, 1992). 소비자의 전환경험은 현 공급자와의 관계를 지속하는 시간이 짧다는 것을 의미한다. 다른 대안의 경험으로 현재의 공급자가 지니고 있는 여러 가지 장점을 지각하는 수준이 낮아지면, 전환비용은 낮아지게 된다. 전환에 대한 경험은 전환을 통해 잃게 되는 공급자와의 유대와 축적된 혜택을 인식할 수 있는 시간을 감소시켜, 현재 공급자와의 관계 지속을 감소시킨다(Bhattacharya, Rao and Glynn, 1995).

소비자의 경험과 탐색을 통해 형성된 제품과 서비스에 대한 지식은 소비자 의사결정에 영향을 미친다. 이러한 경험적 지식은 서비스 선택과 이용에 연관된 지각된 위험을 고려하는 의사결정과정에서 전환비용 인식에 영향을 미친다(Ganesh, Arnold and Reynolds,

2000). 대안의 경험을 통해 얻게 되는 제품과 서비스에 대한 객관적 지식의 증가는 구매의 선택과 전환을 결정하는 의사결정과정에서 지각된 위험과 전환비용인식을 낮아지게 한다. 대안의 경험과 전환의 경험을 통해 얻게 되는 객관적 지식의 증가는 다양한 대안에 대한 정보탐색양이 많아지며, 그 결과 선택을 하려고 하는 대안들의 집합인 고려집합군(consideration set)을 커지게 한다. 따라서 대안의 경험을 통해 확장된 고려집합군은 의사결정과정에서 경쟁 대안을 선택하게 하는 다양성 추구 행동에 영향을 미친다(Wirtz and Mattila, 2003).

3) 대인간 관계

대인간 관계(interpersonal relationship)는 고객과 서비스 공급자간 관계에서 개인적 결속(personal bond)과 배려, 신뢰, 친밀성, 의사소통의 심리·사회적인 관계를 의미한다(김상현과 오상현, 2001). 이러한 대인간 관계는 불확실성과 지각된 위험이 높은 서비스 산업에서 중요한 요인이다. 만족하지 않은 고객들이 서비스 공급자와 관계를 단절하지 못하고 서비스 공급자를 유지하는 이유는 기존 관계에 대한 투자에 따른 혜택의 감소를 피하려는 성향 때문이다. 서비스 제공기업과 고객 사이에 반복적으로 발생하는 상호작용인 대인간 관계는 유대(bond)를 강화시키며 장기적인 관계지속을 유지시킨다. 많은 고객들은 가치와 편의성을 제공하는 기업과 장기적인 관계를 맺고 유지하려고 한다. 특히 서비스는 무형성, 서비스 결과의 이질성의 특성을 가지고 있다. 이러한 특성 때문에 대인간 상호작용이 많이 발생하는 서비스 접점에서 대인간 관계는 고객과 관계유지를 위해서 서비스 공급자에게 더욱 중요한 요인이 된다 (Jones et al., 2000).

서비스 접점에서의 서비스 공급자와 고객 간의 장기적인 대인간 관계는 고객들에게 많은 혜택을 준다. 첫째, 사회적 혜택으로 서비스 제공기업과의 장기적인 관계에서 얻게 되는 종업원에 대한 친밀한 감정, 고객과 종업원 간의 우정 등과 같은 혜택을 말한다. 둘째, 심리적 혜택으로 장기적 관계를 유지하며 서비스를 구매할 때 고객이 느끼는 심리적 편안함, 안정감, 확신성 등을 의미한다. 셋째, 경제적 편익으로 가격할인, 무료제공 등과 같이 단골고객이 얻을 수 있는 경제적 혜택을 말한다. 넷째, 고객화 혜택으로 우선적 대우, 고객화된 부가서비스, 고객욕구 파악 및 관리 등이 포함된다. 공급자와 고객과의 대인간의 관계를 통해 얻게 되는 다양한 관계 혜택은 고객화의 정도가 높고, 많은 접촉이 이루어지는 서비스 업종에서 중요하게 인식되고 있다(Gwiner, Gremler and Bitner, 1998).

Bove and Johnson(2000)은 고객과 서비스 공급자 간의 관계에서 대인간의 관계가 높아지는 요인을 제시하고 있다. 첫째, 공급자에 대한 지각된 편익으로 서비스 공급자로부터 얻을 수 있는 다양한 사회적, 경제적 편익이 많을수록 대인간 관계가 높아진다. 둘째, 서비스 공급자와 고객과의 관계가 형성된 시간이다. 고객이 투자하고 이용한 시간이 늘어날수록 서비스 공급자에 대한 신뢰와 경험이 구축된다. 셋째, 대인간 접촉의 집중성이다. 높은 대인간의 접촉수준은 긍정적인 감정과 고객의 욕구와 관련된 정보를 제공받게 된다. 넷째, 고객들이 느끼는 지각된 위험이다. 서비스는 구매하고 이용하기 전에는 평가가 불가능하며, 대안에 대한 불확실성이 존재한다. 다섯째, 고객들이 가지고 있는 관계 지향성이다. 고객의 성향에 따라 서비스 공급자와 친근해지거나 관계의 정도는 다르게 형성될 수 있다. 여섯째, 종업원의 고객지향성이다. 서비스 공급자와 종업원의 고객지향적인 행동은 고객들에게 신뢰의 수준과 몰입에 직·간접적으로 영향을 주는 요소이다.

고객과 서비스 공급자와의 장기적인 관계 형성을 통해 얻게 되는 혜택은 고객에게 전환을 통해 잃을 수 있는 감정적 또는 인지적인 전환비용을 증가시키며, 서비스기업에 대한 재구매 행동인 고객애호도를 증가시킨다(Fornell, 1992; 김철민, 2002, 2004). 특히 서비스 접점 상황에서 고객과 서비스 공급자와 이루어지는 대인간 관계는 고객과 서비스 제공기업 간의 관계에 중요한 영향을 미친다. 이러한 대인간 영향관계는 특정기업에 대한 긍정 또는 부정적인 고객애호도를 발생시킨다(Guenzi and Pelloni, 2004).

2. 전환비용의 결과변수에 관한 연구

고객애호도와 고객유지에 영향을 미치는 결정변수로 고객가치, 고객만족 외에도 전환비용을 들 수 있다(Dick ana Basu, 1994; 김상현과 오상현, 2002; Burnham et al., 2003; Kim et al., 2004). 이러한 영향관계는 다양한 서비스산업에서 검증되고 있다. 각 변수들 간의 관계와 연구모형을 살펴보고, 전환비용의 결과변수로 제시된 고객애호도, 재구매의도, 고객유지의 연구를 정리하였다.

1) 전환비용의 직·간접 영향 연구

　기존 고객의 고객애호도를 높이기 위한 마케팅 전략의 핵심과제로 고객만족과 함께 높은 전환비용을 구축하는 것에 대한 연구의 필요성이 제기된 이후(Fornell, 1992) 서비스 기업의 고객애호도를 증가시키는 핵심요인으로 고객가치, 고객만족, 전환비용의 통합적인 모형이 제시되었다(Cronin et al, 2000; 김철민, 2002; Hellier et al., 2003). 이러한 개념은 Cronin et al.(2000), Lam et al.(2004)이 제안한 고객가치 - 고객만족 - 행동의도로 연결되는 간접경로를 이용하여 전환비용, 고객가치, 고객만족과 같은 선행요인들이 고객애호도에 영향을 주는 연구모형의 맥락과 같다. 고객가치 - 고객만족 - 행동의도로 연결되는 간접경로는 고객가치, 고객만족과 같은 선행요인들이 고객애호도에 영향을 주는 관계를 보여 주고 있다.

　전환비용이 영향을 미칠 수 있는 결과변수로는 고객애호도, 재구매의도, 고객유지 등이 제시되고 있다. 연구에서 제시된 전환비용과 이 결과변수들과의 영향관계를 살펴보면 다음과 같다.

　먼저 고객애호도에 관련된 연구로 서비스 기업을 대상으로 다양한 선행변수를 이용하여 고객애호도에 미치는 영향관계를 검증하고 있다. 대부분의 연구에서 고객만족과 고객애호도의 관계와 전환비용과 고객애호도와의 정(+)의 관계를 확인하고 있다.

　Fornell(1992)은 현재의 고객을 유지하기 위한 방어적인 전략으로 고객애호도를 향상시키는 방법을 제시했다. 이 방법은 고객만족과 전환장벽의 조합으로 고객만족을 높이고 고객의 전환을 억제하는 전환장벽의 구축을 통해 고객애호도의 향상이 이루어진다. 여기서 전환장벽의 개념은 전환비용으로 소비자로 하여금 다른 공급자로 전환하기 위해 들여야 하는 비용을 의미한다. 그리고 고객만족은 경쟁사가 다른 기업의 고객을 빼앗아 가기 위한 비용을 증가시킨다는 것을 의미한다. Lee and Cunningham(2001)은 비용·편익적 접근으로 고객애호도를 측정하고 있다. 경제적 비용, 거래비용, 전환비용과 같은 비용적인 측면과 서비스 품질측정과 같은 편익적 접근방법이다. 고객들의 애호도는 지각된 서비스 품질서비스의 혜택뿐만 아니라 현재의 거래비용의 증가와 미래에 발생할 수 있는 전환비용에 의해 결정된다. 따라서 기업은 고객애호도를 유지하기 위해서는 비용·편익 분석에 의한 서비스 품질 요소와 비용요소의 지속적인 향상과 차별화의 필요성을 제시하고 있다. Lee et al.(2001), Kim et al.(2004)과 Aydin et al.(2005)은 모바일 서비스 고객을 대상으로 조사를 하였으며, 서비스 품질 요소와 고객만족, 전환비용, 대인간 관계가 고객애호도에 직접적인 영향을 주는 것을 확인했다. Lam et al.(2004)은 B to B 서비스에 대한 고객가치, 만족과 전환비용이 고객애호도의 추천의도와 지속적 이용 가능성에 미치는 영향관계를 조절효과보다는 직접적인 영향을 주는 것으로 분석하였다. 김철민(2002)은 고객화의 수준이 높은 미용실을 대상으로 조사하였으며, Beerli et al.(2004)은 표준화된 서비스를 제공하는 은행을 대상으로 고객애호도에 미치는 영향관계를 조사하였다. Yang and Peterson(2004)과 방호열과 김성호(2005)는 온라인 서비스를 대상으로 전환비용이 고객애호도에 미치는 정(+)의 영향관계를 확인하였다.

이와 관련된 기존 연구들을 요약해 보면 <표 3 - 2>와 같다.

〈표 3-2〉 전환비용과 고객애호도에 관한 연구

연구자	선행변수	결과변수	설 명
Lee et al.(2001)	만족 전환비용	고객애호도	프랑스에서 휴대폰 모바일서비스를 이용하는 소비자를 대상으로 이용시간에 따른 고객유형별로 전환비용과 만족과 고객 애호도의 관계를 검증
김철민(2002)	고객만족 전환비용	서비스애호도	미용실 이용자를 대상으로 서비스 애호도의 결정요인에 관한 연구. 서비스 만족, 전환비용이 각각의 인지적, 감정적, 의도적, 행위적 서비스 애호도에 미치는 영향 검증
Lam et al.(2004)	고객가치 고객만족 전환비용	고객애호도	B to B 서비스에 대한 고객가치, 고객만족, 고객애호도와 전환비용의 유의적인 영향 검증
Yang and Peterson (2004)	고객가치 고객만족 전환비용	고객애호도	온라인 서비스 이용자의 고객가치, 고객만족, 고객애호도의 인과관계와 전환비용의 영향 검증
Beerli et al.(2004)	지각된 품질 고객만족 전환비용	고객애호도	은행서비스에 대한 고객애호도에 관한 변수들의 관계에 관한 연구
Kim et al.(2004)	서비스 품질 전환비용 대인간 관계 고객만족	고객 애호도	모바일 통신 서비스이용자를 대상으로 서비스 품질요소와 고객만족, 전환비용과 대인간 관계가 고객애호도에 미치는 영향관계 검증
Bell et al.(2005)	서비스품질 전환비용 고객지식 경험	고객애호도	기술적, 기능적 서비스품질이 고객애호도에 미치는 영향과 고객의 지식·경험과 전환비용의 영향 검증
방호열, 김성호(2005)	서비스품질 고객만족도 전환비용	고객애호도	인스턴트 메신저 서비스를 이용하는 고객을 대상으로 구조방정식과 중재회귀모형을 이용하여 고객애호도에 미치는 영향 분석
Aydin et al.(2005)	고객만족 전환비용 신뢰	고객애호도	터키의 휴대폰 이용자를 대상으로 전환비용과 고객만족, 신뢰가 고객애호도에 미치는 영향 검증

다음으로 전환비용의 결과변수로 제시된 재구매의도는 실제적인 재구매행동 및 고객유지와 밀접한 관련성이 있다. 재구매의도는 고객애호도의 핵심개념이라고 할 수 있다. 서비스 산업에 대한 많은 연구에서 전환비용과 고객만족, 고객가치 등이 재구매의도에 미치

는 유의적인 영향 관계가 검증되었다.

Jones et al.(2000)과 김상현과 오상현(2002)은 은행과 미용실을 이용하는 고객을 대상으로 재구매의도의 결정요인을 조사하였다. 재구매의도의 결정요인으로 고객가치, 고객만족, 전환비용과 대안의 매력을 들고 있다. 이 중에서 고객만족이 가장 큰 영향력을 미치며, 전환비용, 고객가치와 대안의 매력 순으로 재구매의도에 영향을 미치는 것으로 나타났다. Hellier et al.(2003)과 정인근과 박창준(2004)도 전환비용과 고객가치, 고객만족 등의 변수가 서비스 재구매의도에 미치는 유의적인 영향을 발견했다.

이와 관련된 기존 연구들을 요약해 보면 <표 3-3>과 같다.

<표 3-3> 전환비용과 재구매의도에 관한 연구

연구자	선행변수	결과변수	설 명
Jones et al.(2000)	고객만족 대인간 관계 전환비용 대안의 매력	재구매의도	서비스 산업에서 고객만족과 대인간 관계, 전환비용, 대안의 매력 등이 재구매의도에 미치는 영향관계 검증
김상현, 오상현(2002)	고객가치 고객만족 전환비용 대안의 매력도	재구매의도	이·미용실 이용자를 대상으로 재구매의도의 결정요인으로 고객가치, 고객만족, 전환비용과 대안의 매력이 미치는 영향관계 검증
Hellier et al.(2003)	지각된 품질 지각된 형평성 지각된 가치 고객만족 고객애호도 전환비용	재구매의도	개인연금, 자동차보험서비스 이용자를 대상으로 구조방정식 모형을 통해 고객의 재구매의도의 통합적인 인과관계를 검증
정인근, 박창준(2004)	고객가치 고객만족 전환비용 대안매력 가상관계	재구매의도	인터넷 쇼핑몰에서 고객가치, 고객만족과 전환비용, 대안매력, 가상관계 등이 재구매의도에 미치는 영향관계 검증

전환비용의 결과변수로 고객유지(customer retention)에 관련된 연구도 있다. 장기고객의 유지는 기업의 중요한 요인으로 고객유지의 중요성이 커지고 있다. 고객유지는 재구매의도와 고객애호도와 밀접한 개념으로 사용되고 있다. 재구매의도가 반복적인 구매에 대한 고객의 태도를 강조하며 고객애호도는 재구매의도와 타인에 대한 추천을 포괄하는 개념인 반면 고객유지는 실제 이용하는 행동과 지속적인 이용의향의 태도를 총괄하는 개념을 의미한다(김문구 외, 2003). 이와 관련된 기존 연구들을 요약해 보면 <표 3-4>와 같다.

〈표 3-4〉 전환비용과 고객유지에 관한 연구

연구자	선행변수	결과변수	설 명
Colgate and Lang (2001)	관계투자 전환비용 서비스 복구 대안의 매력	고객유지	금융서비스 이용고객을 대상으로 관계투자, 전환비용, 서비스복구, 대안의 매력 등이 고객유지에 미치는 영향 검증
김문구 외(2003)	만족 전환비용 인간적 관계 대안의 매력 서비스 회복	고객유지	이동통신서비스 이용자를 대상으로 만족과 전환비용, 인간적 관계, 대안의 매력, 서비스 회복 등이 고객유지에 미치는 영향관계 검증
Burnham et al.(2003)	시장의 특성 소비자 투자 전문적 지식 개인 특성 전환비용	고객만족 고객유지	전화서비스, 신용카드서비스 소비자를 대상으로 조사. 선행요인으로 이용빈도와 대안의 경험, 전환경험이 유의적 영향 재무적, 절차적, 관계적 전환비용이 고객유지에 미치는 영향 검증
Patterson and Smith (2003)	탐색비용 사회적 결속 셋업비용 기능적 위험 대안의 매력 특별혜택손실	고객 유지	병원, 미용실, 여행 서비스를 대상으로 전환비용을 검증함. 문화적 차이를 기준으로 구분하여 호주와 태국의 소비자를 대상으로 국가별 전환비용의 인식 차이 연구
이유재, 이청림 (2005)	이용정도 대안의 경험정도 전환비용	지속적 이용 의도	전환비용의 선행요인으로 이용정도와 대안의 경험정도를 제시하여 전환비용과 지속적 이용의도에 미치는 영향 검증

Colgate and Lang(2001)은 전환비용이 고객유지에 미치는 영향을 금융서비스를 대상으로 조사하였으며, 김문구 외(2003)는 이동통신 서비스를 대상으로, Patterson et al.(2003)은 병원서비스, 여행서비스와 미용서비스를 대상으로 전환비용이 고객유지에 미치는 영향을 검증하였다. Burnham et al.(2003)의 연구에서는 전화서비스, 신용카드서비스 소비자를 대상으로 전환비용의 선행요인과 전환비용 등이 고객만족과 고객유지에 유의한 영향을 미쳤다. 이유재와 이청림(2005)은 신용카드 이용고객을 대상으로 전환비용의 선행요인과 전환비용이 지속적 이용의도에 미치는 영향을 검증하였다.

2) 전환비용의 조절효과

선행된 연구들에서 전환비용이 고객애호도에 직접적인 영향을 미치는 선행변수라고 증명되었지만(김철민, 2002; Kim et al., 2004), 고객만족 - 애호도와 고객만족 - 고객유지 연결 관계에서 전환비용의 조절효과가 검증되고 있다(Sharma and Patterson, 2000; Lee et al., 2001; Yang and Peterson, 2004). 낮은 수준의 만족을 느끼는 불만족한 고객이 서비스를 유지 또는 전환하고자 할 때, 전환비용이 고객애호도에 조절변수로 작용하여 고객유지와 고객애호도에 영향을 미친다(Jones et al., 2000; Lee et al., 2001; Yang and Patterson, 2004). 이러한 조절효과는 전환비용, 대안의 매력도, 대인간 관계 등과 같은 변수들의 수준에 따라 영향관계가 다르게 나타나고 있다. 전환비용과 선행변수들은 고객만족이 고객유지와 고객애호도에 미치는 영향력의 차이가 나타나게 하는 조절변수로 작용을 하며, 서비스 공급자에게 효과적으로 고객을 유지할 수 있는 시사점을 제시하고 있다.

전환비용의 조절효과와 관련된 대부분의 연구에서 위계적 회귀분석(hierarchical regression analysis)으로 조절효과를 검증하고 있다(방호열 외, 2005; 김문구 외, 2003; 김기문 외, 2005). 조절변수는 예측변수와 결과변수 사이의 관계의 방향이나 강도에 영향을 미치며, 조절 효과는 두 변수 간의 관계가 바뀔 수 있게 만드는 제3변수의 효과를 의미한다(한인수, 2003).

전환비용이 고객유지에 직접적인 영향을 미치며 동시에 고객만족과 고객유지 사이에서 조절작용을 하는 중재변수 역할을 하는 것으로 기존연구들에서 제시되고 있다(Jones et al., 2000; Colgate and Lang, 2001; Lee and Cunningham, 2001; 김문구 외 2003; 방호열과 김성호, 2005). 동일한 고객만족 수준에서도 전환비용수준의 강도에 따라 고객애호도 정도는 다르게 나타난다는 것이다. 전환비용은 특히 불만족한 고객이 서비스를 유지 또는 전환할 때, 조절변수로 작용하여 기존의 공급자와 지속적인 관계를 유지시킨다(Yang and Peterson, 2004). 이러한 조절역할에 대해 높은 전환비용인식과 퇴거장벽이 존재할 때는 고객만족이 고객유지와 재구매의도에 미치는 영향력의 정도는 낮게 나타나며, 전환비용인식과 퇴거장벽이 낮을 때는 고객만족은 높은 영향력이 나타나고 있다(Jones et al., 2000; Patterson and Smith, 2003).

Ruyter, Wetzels and Bloemer(1998)는 다양한 서비스 산업분야에서 전환비용과 고객유지에 관한 연구에서 높은 전환비용을 지닌 산업에서는 만족의 정도가 낮은 고객 가운데서 일부 고객들만이 다른 서비스 공급자로 전환을 할 자신감을 느낀다고 하였다. 높은 전환비용은 불만족한 고객들도 기존 서비스 공급자로 유지시키는 요인이 된다. Jones et al.(2000)은 고객만족과 재구매의도와의 관계에서 대인간 관계, 대안의 매력도, 전환비용과 같은 하위개념으로 구성된 전환장벽이 조절효과를 갖는다는 가설을 제시하였다. 검증결과 고객만족과 재구매의도 사이에서 조절효과가 있는 것으로 나타났다. 서비스에 대한 불만족으로 인한 서비스 전환의 혜택이 크더라도 서비스 전환에 따른 지각된 전환비용이 서비스 전환혜택보다 더 크게 느껴진다면 서비스 전환행위는 발생하지 않는다고 하면서 전환비용의 조절효과를 강조하였다. 즉 전환비용이 낮을 때 불만족한 고객은 만족한 고객보다 전환하려는 의도가 더욱 클 것이며, 반대로 전환비용의 인식이 높을 때는 전환비용이 전환혜택보다 크다는 것을 인식하게 되어 서비스에 불만족하지만 현재의 서비스에 머물러 있게 된다.

김상현과 오상현(2001)의 연구에서도 이·미용실과 은행 등의 서비스 산업을 대상으로 고객만족과 재구매의도 간의 관계에서 전환비용과 대안의 매력으로 구성된 전환장벽의 조절효과를 실증적으로 분석하였다. 전환비용과 대안의 매력 등의 변수가 고객만족과 상호 작용하여 재구매의도에 조절효과를 나타내는 것으로 파악되었다. Lee et al.(2001)은 프랑스 모바일 서비스에 대한 고객만족과 고객애호도의 연결고리에 대한 전환비용의 영향을 조사한 결과 고객만족은 전환비용의 인식이 낮을 때보다 높을 때 고객애호도에 더 영향을 미치는 조절효과를 발견하였다. 이와 관련된 기존 연구들을 요약해 보면 <표 3-5>와 같다.

〈표 3-5〉 전환비용의 조절효과에 관한 연구

가설관계	조절 변수	주요 연구자
고객만족 → 고객애호도	전환비용	Lee et al.(2001) Lam et al.(2004) Yang and Peterson(2004) Beerli et al.(2004) 방호열, 김성호(2005) Aydin et al.(2005)
고객가치 → 고객애호도	전환비용	Lam et al.(2004) Yang and Peterson(2004)
고객만족 → 고객유지	전환비용	김문구 외(2003) Burnham et al.(2003) Ranaweera et al.(2003)
고객만족 → 재구매의도	전환비용	Jones et al.(2000) 김상현과 오상현(2001)

3. 기존연구의 한계점

1) 전환비용의 선행변수관련 연구

전환비용의 선행요인을 살펴보면 크게 기존 서비스 공급자 측면과 소비자 측면으로 구분할 수 있다. 기존 서비스 공급자 측면은 대인간 관계, 관계혜택, 상호 작용성과 같은 변수들로 서비스 접점에서 고객과 서비스 공급자와 형성된 관계와 유대의 정도로 볼 수 있다. 소비자 측면은 대안의 경험, 대안의 매력, 다양성 추구와 같은 변수들로 다른 서비스를 제공하는 대안에 대한 소비자의 경험 또는 다양성 행동성향으로 볼 수 있다.

전환비용의 선행요인에 대한 연구는 전환비용을 전환장벽에 포함시켜 영향을 검증하는 연구(Jones et al., 2000; 정인근과 박창준,

2004; Kim, Park and Jeong, 2004)와 대안의 경험, 대안의 매력과 대인간 관계 등의 변수를 전환비용의 선행요인으로 설정하여 그 영향관계를 검증하는 연구(Burnham et al., 2003; 김철민, 2002; 이 유재와 이청림, 2005)로 나눌 수 있다.

연구자에 따라 대안의 매력, 대안의 경험, 대인간 관계와 전환비 용 등의 변수들이 전환장벽으로 제시되고 있다. 전환장벽을 이용하 여 고객만족과 재구매의도, 고객유지, 고객애호도에 미치는 조절효 과를 검증하고 있다.

전환장벽과 관련된 연구에서 사용하고 있는 대표적 모델인 Jones et al.(2000)의 연구모형은 <그림 3-1>과 같다.

전환장벽을 측정한 연구에서 전환장벽은 측정개념이 아닌 하위 개념들의 구성개념으로 활용하고 있다. 전환장벽을 측정한 몇몇 연 구에서도 고객들이 전환에 따라 잃게 되는 시간적, 금전적, 심리적 비 용으로 측정되고 있다(Ranaweera and Prabhu, 2003; Kim et al., 2004).

이러한 측정은 전환비용의 측정개념과 같으며, 서비스 산업에서 고객들이 느끼는 장벽들은 고객이 전환할 때 잃게 되는 심리적, 금전적, 시간적 비용인 전환비용의 개념과 같다고 볼 수 있다.

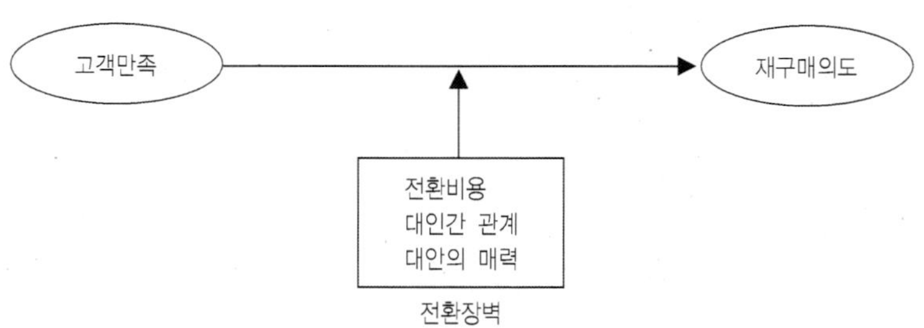

〈그림 3-1〉 Jones et al.(2000)의 연구모형

이후 Burnham et al.(2003)과 김철민(2002, 2004), 이유재와 이청림(2005)은 전환장벽의 개념을 전환비용의 선행요인으로 제시하여 전환비용의 영향관계를 검증하고 있다.

전환비용과 관련된 연구에서 사용하고 있는 대표적 모델인 Burnham et al.(2003)은 시장의 성격과 고객의 투자 정도와 해당 영역에서의 경험을 전환비용의 선행요인으로 제시하고 있다. 다른 연구와는 다르게 선행변수로 제시된 대인간 관계를 관계적 전환비용에 포함시켜 모형을 검증하고 있다. 이론적 모형의 구성은 전환비용의 선행요인과 절차적, 재무적, 관계적 전환비용이 고객유지에 미치는 영향을 조사하였다. 전환비용의 선행요인을 제시하여 각 전환비용에 미치는 영향을 검증하고 있지만, 통합적으로 전환비용과 고객만족의 영향관계를 검증하지 못한 점을 한계점으로 볼 수 있다. 연구모형은 <그림 3 - 2>와 같다.

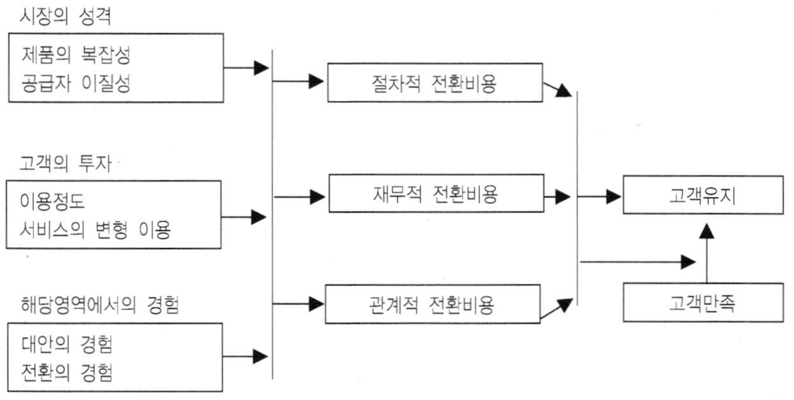

〈그림 3 - 2〉 Burnham et al.(2003)의 연구모형

전환비용의 선행요인을 해당 거래선 측면과 경쟁업체 측면과 소비자 측면으로 구분하여 전환비용의 선행요인을 제시한 김철민(2002, 2004)의 연구모형은 <그림 3-3>과 같다.

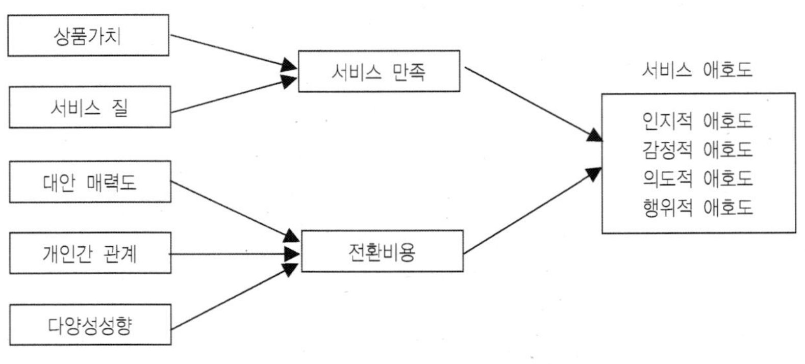

〈그림 3-3〉 김철민(2002, 2004)의 연구모형

김철민(2002, 2004) 연구의 한계로는 서비스 애호도의 결정요인으로 제시된 서비스 만족, 상품가치, 서비스의 질과 전환비용 간의 관계에 대한 연구의 결과가 제시되지 못했다. 향후 이러한 변수들과의 상호 영향 관계에 대한 연구가 필요하다고 볼 수 있다.

기존연구에서 제시된 전환비용의 선행요인으로 대인간 관계와 대안의 경험은 유의한 결과가 나타나지만, 대안의 매력은 연구자에 따라 유의하지 않은 결과도 제시되고 있다. 이러한 이유는 서비스 대안에 대한 기대치가 혼재하고 고객의 구매행동이 습관적이기 때문인 것으로 추측하고 있다(김철민, 2002; 정인근 외, 2004; 이호정, 2004b).

본서에서는 기존 서비스 공급자 측면과 소비자 측면에서 도출된 대안의 매력, 대안의 경험, 대인간 경험이 전환비용에 미치는 직·간접적인 영향을 검증해 볼 것이다.

2) 전환비용의 결과변수관련 연구

고객가치, 고객만족과 전환비용이 고객애호도에 영향을 미치는 것은 많은 연구에서 증명되었다. 하지만 이들 변수들 간의 관계는 선행연구에서 명확하게 정의되지 않았다. 특히 전환비용과 고객가치, 고객만족과의 선·후행관계에 대해서는 연구자에 따라 다르게 구성되어 있다.

고객가치와 고객만족은 얻게 되는 혜택으로 인식하고, 전환비용을 전환을 통해 잃게 되는 비용으로 인식하여 상호 간의 보완적인 관계로 보는 관점이 있다. 이런 관점은 전환비용의 조절효과를 통해 영향관계를 검증하며 의사 애호도(spurious loyalty)로 설명되고 있다 (Lee et al., 2001; Yang and Peterson, 2004). 전환비용은 고객애호도의 결정요인이며, 고객가치와 고객만족에도 영향을 미치는 변수로 볼 수 있는데 전환비용의 직접적인 영향관계는 살펴보고 있지 않고 있다. Yang and Peterson(2004)의 연구모형은 <그림 3-4>와 같다.

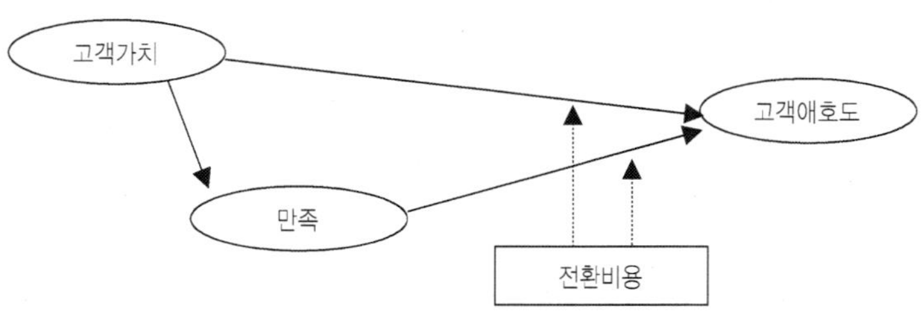

〈그림 3-4〉 Yang and Peterson(2004)의 연구모형

또 다른 관점은 실증적 연구는 충분하지는 않지만 고객만족이 높아질수록 전환비용도 같이 높아질 것이라고 주장하는 몇몇 연구

들도 있다(Hellier et al., 2003; 박노천, 2004; 배상욱 외, 2005). 이들 연구의 구성은 고객만족 - 전환비용 - 재구매의도로 연결되는 과정에서 매개변수로 구성되어 있다. 하지만 고객만족은 거래경험에 근거한 전반적인 평가로 많은 연구에서 결과변수로 제시되고 있다. 따라서 전환비용이 고객만족에도 영향을 미칠 수 있을 것이다. 전환비용은 고객이 투자한 시간과 노력, 비용으로 정의될 수 있다. 다른 한편으로는 전환비용은 고객이 현재의 서비스 공급자와 관계를 유지하면서 얻는 안정성과 줄일 수 있는 심리적, 금전적, 시간적 비용이다.

전환비용의 인식이 높다는 것은 이러한 서비스 공급자가 제공하는 장점에 대한 인식이 높다는 것으로도 해석될 수 있을 것이다. 이러한 혜택에 대한 인식은 고객가치와 고객만족에 영향을 미칠 수도 있을 것이다. 그리고 전환비용이 낮다는 것은 서비스 공급자가 제공하는 혜택에 대한 인식이 낮다고 볼 수 있다. Burnham et al.(2003)은 전환비용이 고객만족에 영향을 미칠 수 있음을 후속 연구에서 제안하고 있다. 연구의 제안에서 자아개념이론과 인지부조화이론을 들어 전환비용의 인식이 높다는 것은 자신의 구매행동을 지지하는 심리적 균형을 찾으려고 할 것이다. 전환비용과 구매행동에 대한 만족 또는 불만족과의 관련성을 제시하고 있다.

따라서 본서에서는 고객만족과 고객가치를 전환비용의 결과변수로 제시하여 기존 연구에서 검증하지 않은 영향 관계를 검증할 필요가 있다. 그리고 기존 연구의 한계점으로 제시된 전환비용의 선행요인과 전환비용, 고객가치, 고객만족 등과 고객애호도의 영향관계를 통합적으로 살펴볼 필요성이 있다.

제4장 연구 설계

본장에서는 기존연구들을 바탕으로 전환비용의 선행변수와 결과변수들 간의 관계에 대한 연구가설과 모형을 설정한다. 그리고 가설을 검증하기 위해 변수의 조작적 정의를 하고 연구를 위한 표본의 선정 및 자료수집방법과 표본의 특성에 대해 설명한다.

제1절 연구가설 및 연구모형의 설정

전환비용의 선행변수와 결과변수들 간의 관계를 알아보기 위해 전환비용의 선행변수들에 관한 이론적 검토를 통해 추출된 선행변수와 결과변수에 관한 가설과 연구모형을 설정한다.

1. 전환비용의 선행변수와 결과변수들 간의 관계

1) 전환비용과 그 선행변수와의 관련성에 관한 가설

고객들이 서비스 공급자에게 느끼는 대안의 매력은 차별화의 개념과 유사하다. 차별화된 서비스를 제공하는 서비스 공급자를 이용하는 고객은 다른 대안을 제공하는 경쟁 서비스 공급자에 대해서 느끼는 매력의 정도가 낮다고 할 수 있다. 따라서 대안의 매력은 경쟁서비스 공급자에 대한 고객의 기대 만족도라고 할 수 있다(Ping, 1993). 서비스 대안에 대한 매력도는 고객의 다양성 추구와도 관련이 있다. 다양성 추구성향이 높을수록 차별화된 서비스에 대한 기대치는 높아지며, 다른 대안을 탐색하거나 선택하는 행동에 영향을 미친다. 다양성 추구 성향은 고객유지와는 부(-)의 영향관계를 가지고 있다(Berné, Múgica and Yagüe, 2001).

기존 서비스 공급자보다 경쟁자의 매력이 클수록 기존 공급자에 대한 의존성이 감소하고, 이탈하는 것에 대한 지각된 혜택의 증가로 서비스 전환의도가 높아질 것이다. 반면에 기존 서비스 공급자에 대한 서비스 대안에 대한 매력의 지각이 낮을수록 기존 공급자에 대한 의존성 증가 및 전환비용의 증가로 서비스 전환에 부정적인 영향을 미칠 것이다(Sharma et al., 2000).

대안의 매력에 대한 인식도가 낮을수록 서비스 공급자에 대한 의존도는 높아지고, 높아진 의존도는 전환비용의 인식을 높여 준다(Jones et al., 2000). 즉, 현 서비스 공급자의 서비스에 대한 차별성 인식으로 경쟁업체의 서비스 대안에 대한 기대치가 낮을 것이며 비용의 상실은 높을 것이다. 따라서 이러한 관계들은 고객들이 인식하는 서비스 대안의 매력의 정도는 전환비용인식에 부(-)의 영향을 미칠 것으로 예측된다. 이러한 선행연구를 토대로 본서에서는 다음과 같은 가설을 설정하였다.

H 1: 경쟁업체의 서비스 대안에 대한 매력이 높을수록 전환비용 인식은 낮아질 것이다.

대안의 경험 정도는 다른 경쟁업체의 제품이나 서비스를 이용했던 경험이다. 고객들은 대안을 경험함으로써 기존의 서비스 공급자와는 차별화된 매력적인 대안을 찾게 된다. 여러 공급자를 이용하는 다양성 추구 고객은 전환할 가능성이 높다고 볼 수 있다. 이러한 대안의 경험 정도는 전환비용과 지속적 이용의도에 부정적인 영향을 주는 것으로 나타났다(Burnham et al., 2003; 이유재와 이청림, 2005).

전환경험과 대안의 경험이 많다는 것은 현 공급자와의 관계를 지속하는 시간이 짧다는 것을 의미한다. 다른 대안의 경험으로 현재의 공급자가 지니고 있는 여러 가지 장점을 지각하는 수준이 낮아지면, 전환에 따른 혜택상실과 불확실성 등을 인식하는 전환비용의 수준은 낮아지게 된다. 따라서 전환경험은 전환을 통해 잃게 되는 공급자와의 유대와 축적된 혜택에 대한 인식의 시간을 감소시켜, 현재 서비스 공급자와의 지속적인 이용을 감소시킨다(Bhattacharya et al., 1995).

서비스 대안에 대한 경험이 많을수록 기존의 서비스 공급자와의 장기간 형성된 혜택의 정도와 상실에 대한 위험의 인식은 낮아질 것이다. 이러한 선행연구를 토대로 본서에서는 다음과 같은 가설을 설정하였다.

　　H 2: 서비스 대안에 대한 경험이 많을수록 전환비용인식은 낮아
　　　　 질 것이다.

대인간 관계는 서비스를 이용하는 고객과 서비스 공급자 간에 이루어지는 상호작용이다. 대인간 관계는 특히 높은 수준의 서비스 공급자와 고객 간의 상호작용이 이루어지는 서비스 기업에게 중요하다(Jones et al., 2000). 서비스 공급자로부터의 지각된 편익과 고객의 지각된 위험, 고객의 관계지향성, 서비스 공급자의 관계지향성이 높을수록 서비스 공급자와 고객과의 관계는 높아지며, 고객들은 서비스 공급자를 유지하려고 한다(Bove and Johnson, 2000).

고객과 서비스 공급자와의 관계는 고객만족과 고객애호도에 영향을 미친다. 서비스 공급자와 고객과의 관계가 밀접할수록 만족수준과 고객애호도에 직접적인 영향을 미치는 것으로 나타났다(Guenzi and Pelloni, 2004). 서비스 공급자와의 관계에서 축적된 관계의 혜

택은 고객에게 많은 이익을 준다. 서비스 공급자는 고객이 원하는 요구를 서비스에 반영하여 친숙하고 편안한 환경을 제공한다. 그리고 장기적인 관계를 통해 고객에게 가격할인 및 다양한 혜택을 준다.

고객들은 서비스 공급자와의 관계가 밀접할수록 전환행동이 줄어드는 것으로 나타났다(김철민, 2002, 2004; 고상덕, 2003; 김문구 외, 2003). 서비스 공급자 측면에서 형성되고 축적된 친숙성, 혜택, 고객과의 유대관계는 전환으로 잃거나 발생하는 노력과 비용에 영향을 미칠 것이다. 이러한 선행연구를 토대로 본서에서는 다음과 같은 가설을 설정하였다.

H 3: 서비스 공급자와 고객 간에 형성되는 대인간 관계가 밀접할수록 전환비용의 인식은 높아질 것이다.

2) 전환비용과 결과변수에 관한 가설

전환비용은 기존 서비스 공급자와 장기간 형성된 관계에 대해 잃을 수 있는 비용으로 볼 수 있다. 즉, 고객이 투자한 시간과 노력 그리고 비용으로 볼 수 있다. 고객이 투자한 시간, 노력과 비용을 지각된 전환비용이라고 가정할 때, 전환비용은 고객가치에 영향을 미칠 수 있을 것이다.

지각된 전환비용이 높은 고객들은 서비스 공급자의 이용에 대해 느끼는 가치도 크게 느낄 것이다. Liu(2006)는 기업서비스 고객을 대상으로 고객가치와 전환비용을 연구하였다. 고객의 가치를 공급자들이 제공하는 서비스에 대해 인식하는 경제적 가치, 관계적 가치, 핵심 가치로 구분하였다. 연구 결과 지각된 전환비용과 고객가치는 영향관계가 있는 것으로 나타났다.

금전적, 심리적, 시간적 추가비용인 전환비용이 높게 인식된다면, 고객들이 지각하는 가치가 높아져 서비스 업체가 제공하는 혜택인식이 높아질 것으로 예측할 수 있다. 이러한 선행연구를 토대로 본서에서는 다음과 같은 가설을 설정하였다.

H 4: 지각된 전환비용의 인식이 높을수록 고객가치의 정도는 높
  아질 것이다.

고객만족은 고객의 이탈과 전환행동을 방어하는 중요한 요인 중의 하나이다. 만족도가 높은 고객의 경우 다양한 혜택의 인식으로 고객유지율은 높아지고 마케팅비용은 감소하게 된다. 만족을 통해 형성된 긍정적인 감정은 긍정적인 구전과 추가적인 지불의도에 정(＋)의 영향을 미치며, 전환행동을 줄여 준다(White and Yu, 2005).

고객이 투자한 시간, 노력과 비용을 지각된 전환비용이라고 가정할 때, 전환비용은 고객만족의 정도에 영향을 미칠 수 있을 것이다. 지각된 전환비용이 높은 고객들은 서비스 공급자의 이용에 대해 느끼는 만족의 정도도 크게 느낄 것이다. 그리고 현 공급자와의 관계유지 안전성이 높아질 것이다. 금전적, 심리적, 시간적 추가비용인 전환비용의 인식은 서비스 공급자에 대한 혜택의 인식을 높인다고 볼 수 있다.

전환비용을 고객만족과 고객애호도의 매개변수로 제시한 연구들이(Hellier et al., 2003; 배상욱 외, 2005) 있지만 Burnham et al.(2003)의 연구에서는 전환비용이 고객만족에 영향을 미칠 수 있

음을 제안하고 있다. 본서에서는 고객만족을 전환비용의 결과변수로 가정하여 다음과 같은 가설을 설정하였다.

H 5: 지각된 전환비용의 인식이 높을수록 고객만족 정도는 높아질 것이다.

전환비용은 고객 유지와 재구매에 직접적인 영향을 주는 고객애호도의 주요 영향요인으로 많은 연구에서 확인되고 있다(Kim et al., 2004; Beerli et al., 2004; Lam et al., 2004). 이것은 고객만족과 가치인식뿐만 아니라 전환에 따른 비용의 인식이 높아질수록 고객의 전환행동이 줄어들며, 기존의 공급자와 지속적인 관계를 유지시키는 주요 변수임을 알 수 있다.

지각된 전환비용은 고객과 서비스 공급업자와의 관계에서 얻는 장기적인 이익으로 볼 수 있으며, 추천, 긍정적 구전과 관련된 감정적 애호도와 특정 서비스업체에 대한 재이용의지와 관련된 의도적 충성도에 영향을 미치는 것으로 분석되었다(김철민, 2002).

전환 시 고려되는 지각된 연속성 비용, 학습비용, 매몰비용은 고객들의 전환행위를 줄여 준다. 그리고 고객의 가격에 대한 민감성을 줄여 주고 고객애호도의 수준에 직접적인 영향을 미친다(Fornell, 1992; Jones et al., 2002; Burnham et al., 2003; Lam et al., 2004). 이러한 선행연구를 토대로 본서에서는 다음과 같은 가설을 설정하였다.

H 6: 지각된 전환비용의 인식이 높을수록 고객애호도는 높아질 것이다.

고객가치는 고객이 지각하는 가격을 고려한 서비스에 대한 전반적인 평가 및 서비스에 대한 우수성과 효율성에 대한 전반적인 평가로 정의할 수 있다. 고객가치는 고객만족의 중요한 변수로(Reichheld, 1996) 고객만족은 서비스 제공자가 제공하는 서비스의 가치에 관한 긍정적 또는 부정적인 느낌이라고 할 수 있다(Yang and Peterson, 2004).

선행된 연구에서 고객가치는 고객이 인식하는 인지적 요소로 고객의 감정의 평가인 고객만족에 영향을 미친다. 따라서 고객만족은 고객의 희생된 비용과 얻을 수 있는 편익의 비율인 고객가치에 의해 영향을 받는다고 할 수 있다(Cronin et al., 2000; 김상현과 오상현, 2002; Lam et al., 2004; Yang and Peterson, 2004). 이러한 선행연구를 토대로 본서에서는 다음과 같은 가설을 설정하였다.

H 7: 고객의 인식된 가치가 높을수록 고객만족도는 높아질 것이다.

기업의 지속적인 수익과 성장을 위해서는 고객만족이 중요한 변수로 고려되고 있다. 고객만족은 고객의 이탈과 전환행동을 방어하는 중요한 요인 중의 하나이다. 만족도가 높은 고객의 경우 다양한 혜택의 인식으로 고객유지율은 높아지고 마케팅 비용은 감소하게 된다. 이러한 고객만족이 고객애호도의 선행요인으로 영향을 미치는 것은 많은 연구에서 검증되고 있다(Anderson and Sullivan, 1993; Oliver, 1999; Lee et al., 2001; Bennett, 2004).

만족된 고객은 만족하지 않은 고객보다 제품과 서비스 이용 수준이 높으며, 제품과 서비스에 대해 추천과 재구매의도에 강한 영향을 미친다(Yang and Peterson, 2004). 고객만족은 고객애호도의 선행변수로서 역할을 하고 만족과 애호도의 관계는 정(+)의 관계를 가지고 있다(Oliver, 1980; Fornell, 1992; Dick and Basu, 1994). 이러한 선행연구를 토대로 본서에서는 다음과 같은 가설을 설정하였다.

H 8: 고객만족의 정도가 높을수록 고객애호도는 높아질 것이다.

3) 연구모형

이론적 배경에서 제시한 각 구성개념들의 인과관계를 바탕으로 <그림 4-1>과 같은 연구모형을 제시해 볼 수 있다. 서비스 대안의 매력과 대안의 경험, 대인간 관계를 전환비용의 선행요인으로 설정하고, 전환비용을 매개변수로 설정했으며, 고객가치, 고객만족 등이 종속변수인 고객애호도에 대한 직·간접적인 영향관계를 연구모형으로 구성하였다.

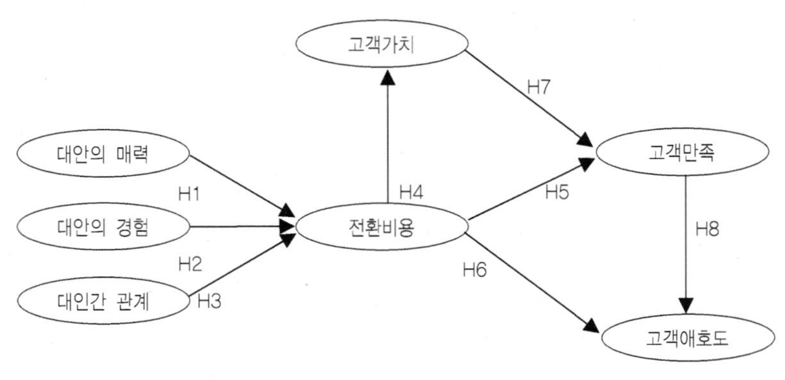

〈그림 4-1〉 연구모형

전환비용의 선행요인은 고객의 전환에 대한 불편과 노력을 지각하게 하는 변수로 서비스 공급자 측면과 소비자 측면으로 나눌 수 있다. 이러한 선행요인은 기존 서비스 공급자와의 관계에서 형성되는 대인간 관계(Jones et al., 2000, 2002; 김철민, 2002, 2004)와 소비자 측면에서의 경험과 기대치와 관련된 서비스 대안의 매력(Ping, 1993; 김철민, 2002; 고상덕, 2003)과 대안의 경험(Sharma and Patterson, 2000; Burnham et al., 2003; 이유재와 이청림, 2005) 등이 파악되었다.

서비스 기업의 고객애호도를 증가시키는 핵심요인인 고객가치, 고객만족, 전환비용의 통합적인 모형을 제시한다. Cronin et al.(2000), Lam et al.(2004)이 제안한 고객가치 – 고객만족 – 행동의도로 연결되는 간접경로를 이용하여 전환비용, 고객가치, 고객만족과 같은 선행요인들이 고객애호도에 영향을 주는 연구모형을 구성하였다.

2. 전환비용의 조절효과

전환비용은 고객애호도에 직접적인 영향을 미치며 동시에 고객만족과 고객애호도 사이의 관계에서 조절적인 역할을 수행한다(Jones et al., 2000; Lee et al., 2001; 김상현과 오상현, 2001). 전환비용은 고객만족과 고객가치의 상호작용을 통하여 고객애호도에 영향을 미칠 수 있다. 동일한 고객만족의 수준에서도 전환비용의 인식에 따라 고객애호도의 정도가 다르게 나타날 수 있다.

전환비용의 결과변수와 관련된 연구에서 연구자들은 전환비용의 조절효과를 조사하였다(Sharma and Patterson, 2000; Jones et al., 2000; Lam et al., 2004). 전환비용은 만족과 애호도의 관계를 조절하는 변수의 역할을 한다(Lee et al., 2001; Yang and Peterson, 2004; Aydin et al., 2005). 이러한 조절효과는 만족수준이 낮더라도 높은 전환비용 인식이 재구매의도와 고객을 유지하는 것을 보여 준다. Yang and Peterson(2004)은 고객가치와 만족수준이 높을 때보다 낮은 조건에서 전환비용이 미치는 조절효과를 검증하였다. Anderson and Sullivan(1993)은 고객만족의 수준과 전환비용 간의 관계는 부(-)의 영향관계를 발견했으며, Jones et al.(2000)의 연구에서 만족정도의 수준의 차이에 의해 지각된 전환비용의 상호영향은 다르게 나타났다. 이러한 선행연구를 토대로 본서에서는 다음과 같은 가설을 설정하였다.

> H 9: 전환비용의 인식 정도에 따라 고객만족이 고객애호도에 미치는 영향에는 차이가 있을 것이다.

전환비용은 서비스의 유형에 따라서 차이가 있을 수 있다. Lovelock(1996)은 서비스 속성을 고객별 서비스의 변화와 서비스 공급자의 재량의 정도에 따라 분류하였다. 서비스를 공급하는 공급자의 고객화의 정도와 표준화의 정도에 따라서 전환비용의 효과는 차이가 있을 것이다. 고객화의 정도가 높은 서비스일 경우 서비스는 보다 이질적이고, 중요성이 커질 것이므로 고객은 기존의 서비스 공급자에게 차별적인 서비스 태도와 개인의 요구에 맞는 서비스를 받기를 원한다. 표준화 수준이 높은 서비스일 경우는 서비스 자체가 표준화되어 있기 때문에 서비스의 이질성이 적고 보다 구체적인 평가가 가능하게 되어 전환비용에 덜 민감할 것이다(김상현과 오상현, 2002; 이유재와 이청림, 2005)

Paterson and Smith(2003)은 여행서비스, 의료서비스와 이·미용실로 구분하여 분석한 결과 전환비용의 인식에는 차이가 있는 것으로 나타났다. Jones et al.(2002)의 연구에서도 서비스의 고객화 정도에 따라 서비스 산업을 분류하고, 이러한 유형별로 재구매의도에 영향을 주는 전환비용의 차이가 있음을 분석하였다. 이러한 선행연구를 토대로 본서에서는 다음과 같은 가설을 설정하였다.

H 10: 전환비용의 인식 정도는 서비스 유형에 따라 전환비용이 미치는 영향에는 차이가 있을 것이다.

제2절 변수의 조작적 정의

본서의 주요변수들로는 고객가치, 고객만족, 대안의 매력, 대안의 경험, 대인간 관계, 전환비용, 고객애호도 등이 있다. 본서의 변수들은 7점 리커트 형식의 다항목 척도들로 측정되었다(1 = 전혀 그렇지 않다, 7 = 매우 그렇다). 각 변수의 측정항목은 기존의 선행연구에서 신뢰성과 타당성이 입증된 측정항목들에 기초해 본서의 상황에 맞게 하여 조정했다. 모든 이론변수는 복수의 측정변수로 측정하여 단일 항목으로 측정할 경우에 발생할 수 있는 측정오차

에 의한 희석현상을 예방하였다(Bagozzi and Yi, 1988). 각 측정개
념에 대한 구체적인 내용은 다음과 같다.

1. 전환비용의 선행요인들에 대한 측정

대안에 대한 매력은 기존의 서비스 공급자와 비교한 다른 대안
의 만족에 대한 기대치로 정의하였다. Jones et al.(2000), Sharma et
al.(2000), 김상현과 오상현(2002), Patterson et al.(2003)의 연구에서
사용된 척도를 수정하여 네 항목으로 측정하였다. 첫째, 새로이 교
체한 서비스 공급자가 이용하기 편할 것이다. 둘째, 현재 이용 중
인 서비스 공급자 이외에도 만족도가 비슷한 미용실은 많이 있을
것이다. 셋째, 현재 이용하고 있는 서비스 공급자보다 새로운 서비
스 공급자의 서비스의 수준에 더 만족할 것이다. 넷째, 현재 이용
하고 있는 서비스 업체보다 새로운 서비스업체의 서비스에 더 만
족할 것이다.

대안의 경험 정도는 다른 경쟁업체의 서비스를 이용하거나 전환
한 경험의 정도로 정의하였다(Burnham et al., 2003). 세 개의 측정
항목들은 Bhattacharya et al.(1995), Burnham et al.(2003), 이유재와
이청림(2005)의 연구에서 사용된 척도를 수정하여 사용하였다. 첫
째, 다른 서비스 공급자의 서비스 구매와 이용이 친숙하다. 둘째,
최근에 경우에 따라 다른 서비스 공급자를 이용해 본 적이 있다.
셋째, 최근 3개월 동안 다른 서비스 공급자를 이용한 정도.

대인간 관계는 고객과 서비스 공급자 간에 형성된 고객에 대한 배

려, 심리적 유대로 정의하였다(Jones et al., 2000). Jones et al.(2000), Colgate and Lang(2001), 김철민(2002), Kim et al.(2004)의 연구에서 사용된 척도를 수정한 세 항목을 사용하였다. 첫째, 서비스 공급자는 친숙하고 편안한 느낌을 준다. 둘째, 나와 대인적인 친밀한 관계를 가지려고 노력한다. 셋째, 나에게 친절하고 특별한 대우를 하는 것 같다.

2. 전환비용에 대한 측정

전환비용은 고객이 서비스 공급자를 전환하고자 할 때 지각되는 금전적, 심리적, 시간적 비용으로 정의하였다. 많은 연구에서 사용되고 있는 전환비용의 구성차원인 연속성 비용, 학습비용, 매몰비용으로 측정하였다(Jones et al., 2002). 김상현과 오상현(2002), Jones et al.(2002), Burnham et al.(2003), Lam et al.(2004)의 연구에서 사용된 전환비용의 구성차원을 수정하여 사용하였다.

연속성 비용은 서비스 공급자를 전환함으로써 발생하는 연속적인 이용의 상실에 따른 불확실성과 기회비용의 인식 정도로 정의하였다. 첫째, 다른 서비스 공급자로 바꾸게 되면 기존에 받던 동일한 수준만큼의 서비스 제공을 확신하지 못한다. 둘째, 자주 방문하고 이용하던 서비스 공급자만큼의 좋은 서비스를 받을 수 있을지 확신이 들지 않는다. 셋째, 현재 이용하고 있는 서비스 공급자의 서비스보다 만족스럽지 못할까봐 걱정된다는 세 가지 항목으로 측정하였다.

학습비용은 서비스 공급자를 전환한 후에 고객들이 적응하기 위해 발생하는 시간과 노력의 인식 정도로 정의하였다. 첫째, 새로운 서비스 공급자에게 원하는 서비스에 대해 설명해야 하는 번거로움이 있을 것이다. 둘째, 나에게 적합한 새로운 서비스 공급자를 찾기 위해서는 시간과 노력이 소요될 것이다. 셋째, 익숙하지 않은 새로운 서비스 공급자의 시스템을 익혀야 할 것이라는 세 가지 항목으로 측정하였다.

매몰비용은 서비스 공급자를 전환함으로써 사라지는 시간, 노력, 비용, 혜택 등의 인식 정도로 정의하였다. 첫째, 새로운 서비스 공급자로 바꾸는 경우 현재 서비스 공급자와 단골이 되기 위해 투자된 시간, 노력, 비용이 사라질 것이다. 둘째, 기존 서비스 공급자의 이용을 단절한다면 장기고객으로서의 혜택을 잃게 될 것이다. 셋째, 새로운 서비스 공급자로 바꿀 경우 특별한 혜택(마일리지, 포인트, 가격할인) 등을 잃게 된다는 세 가지 항목으로 측정하였다.

3. 고객가치, 고객만족, 고객애호도 측정

고객가치는 제공된 서비스에 대한 비용과 편익 등에 관련된 경제적 가치와 이용의 편리성 등에 관련된 경험적 가치에 대한 평가의 정도로 정의하였다. Cronin et al.(2000), Mathwick et al.(2001), 김상현과 오상현(2002), Liu(2006)의 연구에서 사용된 척도를 수정하여 사용하였다. 첫째, 서비스 공급자의 서비스 수준을 생각하면 이용가격은 적당한 편이다. 둘째, 서비스 이용가격에 비해 서비스 수준은 만족스러운 편이다. 셋째, 다양한 서비스 제공정책은 추가적인 혜택을 느끼도록 해 준다. 넷째, 서비스 업무에 적합한 시설을 가지고 있다. 다섯째, 현재 이용 중인 서비스 공급자는 이용하기 편리하다의 다섯 가지 항목으로 측정하였다.

고객만족은 서비스 수행결과에 따른 고객의 기대, 욕구 등을 포함한 서비스에 대한 전반적인 느낌에 대한 정도로 정의하였다(Oliver, 1993; Patterson et al., 2003; Lam et al., 2004). 첫째, 서비스 공급자가 제공하는 서비스를 이용할 때 즐겁다. 둘째, 서비스 공급자의 서비스 이용의 결정은 현명한 선택이다. 셋째, 서비스 공급자를 이용하기로 한 결정에 대하여 만족한다. 넷째, 서비스 공급자가 제공하는 서비스에 대해 전반적으로 만족한다는 네 가지 항목으로 측정하였다.

고객애호도는 특정기업의 서비스에 대한 추천, 긍정적 구전과 관련된 감정적 애호도와 재구매와 관련된 행동 의도적 애호도의 정도로 정의하였다(Ruyter et al., 1998; Lee et al., 2001; Yang et al., 2004). 첫째, 다른 사람에게 이용하고 있는 서비스 공급자를 추천하고 싶다. 둘째, 이용하고 있는 서비스 공급자의 편하고 좋은 면을 다른 사람들에게 말해 주고 싶다. 셋째, 가격이 조금 오르더라도 현재 이용하고 있는 서비스 공급자를 계속 이용할 것이다. 넷째, 다음에도 현재 이용하고 있는 서비스 공급자를 이용하고 싶다. 다섯째, 현재 이용하고 있는 서비스 공급자를 자주 방문하고 찾는 고객이 되고 싶다는 다섯 가지 항목으로 측정하였다.

연구모형에서 제시된 각각의 개념에 대한 측정변수의 측정항목과 관련된 조작적 정의를 제시하면 <표 4-1>과 같다.

<표 4-1> 측정항목의 조작적 정의

연구변수		문항	측정항목	관련연구
대안의 매력		4	서비스 대안이 제공하는 편의성 기대 정도	Jones et al.(2000) Sharma et al.(2000) 김상현과 오상현(2002) Patterson et al.(2003)
			서비스 대안이 제공하는 서비스 만족수준의 유사성에 대한 기대 정도	
			서비스 대안이 제공하는 서비스 차별성에 대한 기대 정도	
			새로운 서비스 대안에 대한 만족수준의 기대 정도	
대안의 경험		3	서비스 대안의 구매에 대한 친숙성	Bhattacharya et al.(1995) Burnham et al.(2003)
			서비스 대안의 경험 정도	
			최근 3개월 동안 서비스 대안의 이용 정도	
대인간 관계		3	서비스 공급자에게 느끼는 친숙하고 편안한 유대관계	Jones et al.(2000) Colgate et al.(2001) 김철민(2002) Kim et al.(2004)
			서비스 공급자와 고객 간의 친밀한 관계를 만들려는 노력 정도	
			고객에 대한 친절하고 특별한 대우를 제공하는 관계	
전환 비용	연속성 비용	3	기존 서비스 공급자에서 새로운 서비스 공급자로 이동에 따른 연속적인 혜택상실에 대한 인지	김철민(2002) Jones et al.(2002) Burnham et al.(2003) Lam et al.(2004)
			기존 서비스 공급자에서 새로운 서비스 공급자로 이동에 따른 서비스 대안에 대한 위험에 대한 인지	
			기존 서비스 공급자에서 새로운 서비스 공급자로 이동에 따른 서비스 대안에 대한 불확실성에 대한 인지	
	학습비용	3	새로운 서비스 공급자에게 원하는 서비스를 설명해야 하는 불편함 인지	김상현과 오상현(2002) Jones et al.(2002) Burnham et al.(2003)
			새로운 서비스 공급자를 탐색하는 데 드는 시간과 노력 인지	
			새로운 서비스 공급자의 서비스 시스템을 익히는 시간과 노력 등의 불편함 인지	
	매몰비용	3	기존 서비스 공급자에서 새로운 서비스 공급자로의 이동에 따른 투자된 시간, 노력, 비용의 상실 인지	Jones et al.(2002) Burnham et al.(2003) Patterson et al.(2003)
			기존 서비스 공급자에서 새로운 서비스 공급자로 이동에 따른 장기고객으로서 받았던 혜택의 상실 인지	
			기존 서비스 공급자에서 새로운 서비스 공급자로의 이동에 따른 마일리지와 같은 누적된 혜택의 상실 인지	

연구변수	문항	측정항목	관련연구
고객가치	5	서비스 공급자가 제공하는 서비스 수준을 고려한 이용가격에 대한 인식 정도	Cronin et al.(2000) Mathwick et al.(2001) Liu(2006)
		서비스 이용가격을 고려한 서비스 수준의 만족 정도	
		다양한 서비스 제공정책에 따른 추가적인 혜택의 인식 정도	
		서비스 업무에 적합한 시설에 대한 인식 정도	
		현재 이용 중인 서비스 공급자의 이용의 편의성	
고객만족	4	서비스 공급자에 대한 서비스 이용의 즐거움의 인식 정도	Oliver(1993) Patterson et al.(2003) Lam et al.(2004)
		서비스 공급자의 이용 결정에 대한 현명한 선택의 인식 정도	
		서비스 공급자의 이용 결정에 대한 만족 정도	
		서비스 공급자에 대한 전반적인 만족도	
고객애호도	5	다른 사람들에게 서비스 공급자에 대한 긍정적인 추천 의도	Ruyter et al.(1998) Lee et al.(2001) Yang et al.(2004)
		다른 사람들에게 서비스 공급자의 장점에 대한 긍정적인 구전 의도	
		가격이 오르더라도 현재 이용 중인 서비스 공급자에 대한 이용 의도	
		지속적으로 현재 이용 중인 서비스 공급자의 이용 의도	
		현재 이용 중인 서비스 공급자에 대한 반복적인 행동 의도	

제3절 표본의 선정 및 자료수집

서비스업은 다양한 방법으로 분류할 수 있다. Bowen(1990)은 의료, 오락, 사진인화, 음식, 숙박서비스 등의 10가지 서비스업을 군집 분석하여 각 서비스에 맞는 서비스 전략을 제시하였다. 이러한 분류는 종업원의 중요성, 고객화, 고객의 참여, 전환 정도, 종업원과 고객과의 접촉, 유형성과 무형성, 서비스의 직접성, 지속적 이익, 차별성 등의 9가지 속성으로 구성되어 있다.

Lovelock(1996)은 서비스 속성을 고객별 서비스의 변화와 서비스 제공자의 재량의 정도에 따라 분류하였다. 고객화(customization)의 정도인 고객에 따라 서비스를 변화시킬 수 있는 정도와 종업원이 고객욕구에 따라 발휘하는 재량의 정도에 따라 분류하였다.

분석 자료는 연구의 외적 타당성을 확보하기 위해, Bowen(1990)과 Lovelock(1996)의 분류에 따른 고객화의 수준이 높은 이·미용 서비스와 표준화의 수준이 높은 은행 서비스의 고객들을 대상으로 편의표본 추출하여 이들을 대상으로 설문조사를 실시하였다. 이러한 서비스 유형은 소비자들과 친숙한 서비스 업종이며, 본서에서 가정하고 있는 관계를 잘 실현하고 있는 업종이다(Jones et al., 2002; 김상현 외, 2002; 이유재 외, 2005).

설문조사는 경남지역에서 이·미용실과 은행을 이용하는 다양한 연령과 직종에 종사하는 응답자들을 대상으로 자료를 수집하였다. 본 설문조사에 앞서 대학생 50명을 대상으로 사전조사를 실시하였으며, 사전조사 결과 응답자들이 이해하지 못하는 설문항목들을 삭제 또는 수정하였다. 총설문지 350부 중에서 부분적인 무응답 설문지와 응답이 불성실한 설문지를 제외한 총 307부의 유효한 설문지가 최종분석에 사용되었다.

응답자들은 307명으로 구성되어 있으며 인구통계학적 특성은 다음과 같다. 남녀비율은 남성이 125명(40.7%), 여성이 182명(59.3%)이었으며, 연령은 10대 39명(12.7%), 20대 184명(59.9%), 30대 61

명(19.9%), 40대 이상 23명(7.5%)의 순으로 구성되었다. 응답자의 직업은 학생 144명(46.9%), 직장인 117명(38.1%), 자영업과 기타 40명(15%) 순으로 나타났다. 업종별로는 이·미용 서비스의 응답자는 162명(52.8%)이고 은행 서비스의 응답자수는 145명(47.2%)으로 구성되었다.

<표 4-2> 인구통계학적 특성

구 분		빈도(명)	비율(%)
성 별	남성	125	40.7
	여성	182	59.3
연 령	10대	39	12.7
	20대	184	59.9
	30대	61	19.9
	40대 이상	23	7.5
학 력	고등학교 재학	32	10.4
	고졸	58	18.9
	대학 재학	116	37.8
	대졸 이상	101	32.9
직 업	학생	144	46.9
	자영업	18	5.9
	직장인	117	38.1
	기타	28	9.1
소 득	100만 원 이하	184	59.9
	100-200만 원	67	21.8
	200-300만 원	30	9.8
	300-400만 원	26	8.5
업 종	미용실	162	52.8
	은 행	145	47.2
총 계		307명	100%

제5장 실증분석

본장에서는 측정변수들에 대한 신뢰성과 타당성 검증을 위해 신뢰성 분석과 요인 분석을 하였다. 그리고 변수들 간의 인과관계와 방향성을 알기 위해 상관분석을 실시하였다. 전체 모형의 영향관계를 검증하기 위해 모형의 적합성과 경로분석을 실시하였다.

제1절 타당성 및 신뢰성 분석

1. 타당성 분석

본서에서 사용된 설문문항과 측정항목들을 적절히 측정하도록 하기 위해 정교화 과정을 거쳤다. 판별타당성(discriminant validity)과 집중타당성(convergent validity)의 확보를 위해 요인분석(factor analysis)을 실시하였다.

본서에서는 모든 변수들의 측정항목에 대해 요인분석을 실시하였다. 요인추출방법은 주성분 분석(principal component analysis)을 사용하였으며, 추출된 요인의 고윳값(eigen value)은 1 이상, 요인의 적재량(factor loading)은 .500 이상인 것이 추출되도록 하였다. 그리고 회전방식은 간명하고 요인 간 명확한 해석을 추구하기 위해 직각회전 방식인 베리맥스 회전(varimax rotation) 방법을 사용하였다.

변수 쌍들 간의 상관관계가 다른 변수에 의해 설명되는 정도를 나타내는 KMO(Kaiser – Meyer – Olkin) 값을 살펴보았다. 이 값이 적으면 요인분석을 위한 변수들의 선정이 좋지 못함을 나타낸다(김계수, 2003). 요인의 KMO 값은 .859로 나타났다. .800 이상이면 변수와 관측치의 수가 적당하다고 볼 수 있다.

〈표 5-1〉 요인 분석

항 목		요인적재량							항목변동	
		1	2	3	4	5	6	7	최초	분석 후
고객가치	CV2				.653				5	4
	CV3				.670					
	CV4				.752					
	CV5				.701					
고객 애호도	CL1			.739					5	4
	CL2			.800						
	CL3			.779						
	CL5			.733						
고객만족	CS1		.705						4	4
	CS2		.830							
	CS3		.781							
	CS4		.745							
대안의 매력	AA1					.796			4	3
	AA2					.762				
	AA3					.838				
대안의 경험	AE1							.731	3	2
	AE2							.779		
대인간 관계	IR1						.784		3	3
	IR2						.854			
	IR3						.849			
전환비용	SC1	.585							9	6
	SC2	.677								
	SC4	.779								
	SC5	.775								
	SC7	.778								
	SC8	.683								
Eigen Value		3.233	3.020	2.989	2.735	2.163	2.142	1.526		
설명된 분산(%)		12.397	11.614	11.496	10.519	8.319	8.240	5.870		
누적 분산(%)		12.397	24.011	35.507	46.026	54.345	62.585	68.455		

요인분석 결과는 <표 5-1>에서 알 수 있는 바와 같이 고객가치, 고객애호도, 고객만족, 대안의 매력, 대안의 경험, 대인간 관계

및 전환비용의 7개의 차원으로 구성됨이 확인되었다.

일곱 요인이 설명하는 누적분산은 68%로 나타났다. 모든 측정 항목들이 .500 이상의 적재치를 나타내고 있다. 탐색적 요인분석에 따라 적재량이 지나치게 적거나 적재된 요인이 일관되지 않은 측정문항들을 제거하였는데, 고객가치에 관한 측정문항 1개, 고객애호도에 관한 측정문항 1개, 대안의 경험에 관한 측정문항 1개, 대안의 매력에 관한 측정문항 1개, 전환비용을 측정하는 문항에서 3개가 제거되었다.

2. 신뢰성 분석

측정변수들의 신뢰성을 검증하기 위해서 Cronbach's α 값을 이용한 내적 일관성을 측정하였다. 본서에서 측정된 변수들은 Cronbach's α 값은 모두 .600 이상으로 나타나 측정항목들이 비교적 신뢰할 만한 수준에서 측정되었다고 볼 수 있다. 사회과학에서 신뢰도 값이 .600 이상이 되면 신뢰도가 확보되고, .700 이상이면 높다고 할 수 있다(김계수, 2003).

〈표 5-2〉 측정항목의 신뢰성 검증 결과

변 수	문항수	Cronbach's α
대안의 매력	3	.773
대안의 경험	2	.623
대인간 관계	3	.786
전환비용	6	.866
고객가치	4	.825
고객만족	4	.897
고객애호도	4	.862

3. 상관분석

연구모형에 포함된 변수들 간의 관계가 어떤 방향이며, 어느 정도의 관계를 갖는지를 알아보기 위하여 상관분석을 실시하였다. 상관분석을 실시한 결과 각 연구요인 간의 관계는 가설에서 설정한 방향과 일치했고, 상관계수 크기도 통계적으로 유의했다. <표 5-3>은 각 변수들 간의 상호 상관관계 분석의 행렬을 보여 주고 있다. 상관계수 값이 .600 이상이면 모수추정치의 표준오차를 높게 하는 다중공선성이 존재할 가능성이 있다. 따라서 다중공선성이 존재하는가를 알아보기 위하여 고객애호도와 고객만족, 고객가치에 대한 VIF(variance inflation factor)를 검토하였다. VIF는 독립변수들 사이의 비직교(nonorthogonality)가 표준오차를 높게 하는 정도를 나타내는 것으로 일반적으로 10 이하여야 하며 1에 가까울수록 좋다. 분석결과, VIF 값은 고객만족이 2.163, 고객가치가 2.079로 나타났다. 이러한 VIF 값은 경로추정치로부터 결론을 도출하는 데 큰 문제가 되지 않다는 것을 의미한다.

〈표 5-3〉 측정 변수들 간의 상관관계 행렬

	1	2	3	4	5	6	7
1. 고객가치	1						
2. 고객만족	.719**	1					
3. 대안의 매력	−.049	−.115*	1				
4. 대안의 경험	.074	.016	.309**	1			
5. 대인간 관계	.313**	.433**	−.063	−.033	1		
6. 고객애호도	.559**	.689**	−.240**	−.022	.613**	1	
7. 전환비용	.118*	.207**	−.076	−.176*	.444**	.336**	1
Mean	4.773	4.779	4.130	3.065	4.202	4.400	4.230
SD	1.065	1.116	1.013	1.363	1.200	1.114	1.072

* p<0.10, ** p<0.05, *** p<0.01(이하 같음)

제2절 가설검증 결과

1. 연구모형의 검증

본서의 가설을 검증하기 위하여 AMOS 4.0을 이용하여 공변량 구조모형분석을 실시하였다. 모형의 전반적 적합도를 평가하는 지표로는 χ^2, GFI, AGFI, NFI, CFI, RMSEA 등이 많이 이용되고 있다(Bagozzi and Yi, 1988).

χ^2에 의한 기준은 p 값이 .050 이상일 때, GFI, NFI, CFI는 .900 이상일 때, AGFI는 .800 이상일 때, RMSEA는 .080 이하이면 좋은 모델로 평가된다(김계수, 2003; 노형진, 2002).

연구모형의 적합도지수는 $\chi^2 = 390.056(0.000)$, df = 268, GFI = .913, AGFI = .886, NFI = .909, RMSEA = .039, CFI = .969로 나타났다. 연

구모형의 $x2$는 390.056이며, 자유도 268로 나눈 값은 1.455로 2.5 값을 넘지 않는 것으로 나타났다. 모든 지표들이 만족할 만한 수준으로 나타나 연구 개념들 간의 가설관계를 설명하기에 무리가 없는 것으로 판단된다.

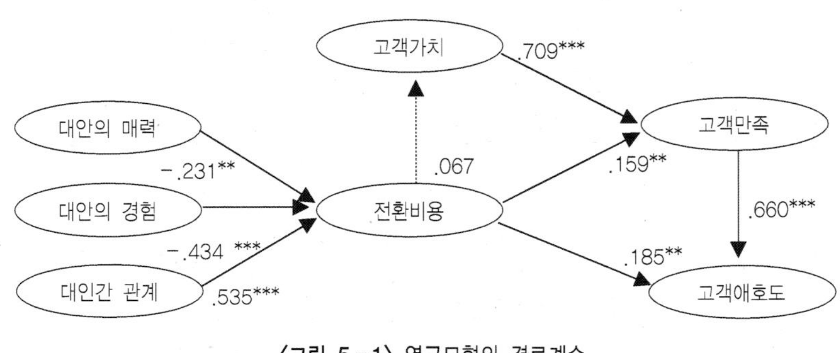

〈그림 5-1〉 연구모형의 경로계수

2. 연구가설의 검증

1) 전환비용 선행요인과 전환비용의 영향관계 검증

전환비용의 선행요인과 관련된 가설들을 검증한 결과 대안의 매력이 낮을수록 지각된 전환비용이 높을 것이라는 가설 1의 결과는 경로계수 -.231, t값 -2.374로 5%의 유의수준에서 채택되었다. 대안의 경험이 낮을수록 지각된 전환비용이 높을 것이라는 가설 2는 경로계수 -.434, t 값 -3.843으로 1%의 유의수준에서 지지되었으며, 가설의 관계는 부(-)의 관계를 보여 주고 있다. 대인간 관계가 높을수록 지각된 전환비용이 높을 것이라는 가설 3은 경로계수 .535, t 값 6.247로 1% 유의수준에서 지지되었으며, 전환비용의 선행요인 중 가장 큰 영향력을 나타냈다. Burnham et al.(2003), 이유재와 이청림(2005)의 연구결과와 일치하는 것이다.

이러한 결과는 고객들이 서비스 공급자에 느끼는 관계혜택의 정도와 개인적으로 느끼는 다른 서비스 제공자에 대한 기대와 경험의 정도 등이 전환비용의 선행요인으로 전환에 따라 잃을 수 있는 다양한 비용인식에 영향을 주는 것을 알 수 있다. 서비스의 특성상 지각된 위험과 불확실성이 크기 때문에 고객들에게 전환비용의 선행요인은 중요한 역할을 하고 있다고 볼 수 있다. 전환비용의 선행변수로 검증된 대안의 매력과 대안의 경험 정도와 대인간 관계에 대한 관리의 필요성을 알 수 있다.

2) 전환비용과 결과변수와의 영향관계 검증

전환비용의 결과변수와 관련된 가설들을 검증한 결과 전환비용이 높을수록 고객가치의 정도는 높을 것이라는 가설 4의 결과는 경로계수 .067, t 값 .981로 기각되었다. 가설이 기각된 이유는 고객이 투자한 시간, 노력, 비용에 대해 느끼는 전환비용과 지불된 비용에 대한 서비스의 전반적인 평가인 고객가치와 상충되었기 때문인 것으로 볼 수 있다. 가설은 기각되었지만 고객들의 가치인식이 높아지면 전환비용의 인식은 높아질 것으로 보인다.

지각된 전환비용이 높을수록 고객만족의 정도가 높을 것이라는 가설 5의 결과는 경로계수 .159, t 값 2.950으로 유의수준 5%에서 지지되었다. 전환비용이 높을수록 고객애호도의 정도가 높을 것이라는 가설 6은 경로계수 .185, t 값 3.291로 5%의 유의수준에서 지지되었다. 이러한 결과는 기존의 연구가 고객가치, 고객만족이 전환비용과는 별개의 변수로 검증되거나, 전환비용이 고객만족의 매개변수로 사용된 연구결과와 다른 것으로 나타났다. 전환비용이 고객이 투자한 시간, 노력, 비용으로 인식된다면 고객의 가치인식과 고객만족 정도에 영향을 미치는 것으로 볼 수 있다.

고객가치의 정도가 높을수록 고객만족의 정도가 높을 것이라는 가설 7은 경로계수 .709로 t 값 11.053으로 1% 유의수준에서 지지되었다. 고객만족의 정도가 높을수록 고객애호도가 높을 것이라는 가설 8은 경로계수 .660으로 t 값 10.958로 1% 유의수준에서 지지되었다.

이러한 결과는 재구매의도와 긍정적인 구전효과를 나타내는 고객애호도에 미치는 변수들의 영향관계를 보여 주고 있다. 고객애호도에 미치는 영향력은 서비스에 대한 고객만족의 정도가 가장 높으며, 지각된 전환비용의 순으로 나타났다. 따라서 고객가치와 고객만족을 높이는 전략과 고객의 전환비용을 높이는 방법을 병행해야 할 필요성이 발견되었다. 서비스 기업은 긍정적인 추천과 재구매행동을 유발하는 고객애호도를 높이는 전략적인 방법으로 비용과 가격을 고려한 전반적인 서비스 수준의 평가인 고객의 가치를 높이고, 만족도를 높이는 활동을 실천해야 한다. 상호 보완적으로 고객의 전환행동을 억제하기 위해 전환비용을 높이는 다양한 전략 실천이 필요할 것이다.

본서에서 설정한 가설들에 대한 검증결과를 종합하면 <표 5-4>에 나타나 있는데 가설 4를 제외하고는 모든 가설들이 지지되었다.

〈표 5-4〉 경로 분석에 의한 가설검증 결과

가설	경로	관계	경로계수	표준오차	t 값	결과
H1	대안의 매력 → 전환비용	−	−.231	.098	−2.374**	채택
H2	대안의 경험 → 전환비용	−	−.434	.095	−3.843***	채택
H3	대인간 관계 → 전환비용	+	.535	.050	6.247***	채택
H4	전환비용 → 고객가치	+	.067	.100	.981	기각
H5	전환비용 → 고객만족	+	.159	.105	2.950**	채택
H6	전환비용 → 고객애호도	+	.185	.078	3.291**	채택
H7	고객가치 → 고객만족	+	.709	.085	11.053***	채택
H8	고객만족 → 고객애호도	+	.660	.043	10.958***	채택

3) 연구변수들 간의 직·간접효과 분석

가설검정에서 나타난 인과관계를 바탕으로 전환비용의 선행요인과 결과변수의 구조적 관계에서 존재하는 간접효과를 분석했다. 전환비용의 선행요인이 전환비용, 고객만족과 고객애호도로 연결되는 관계에서 직접적인 관계뿐만 아니라 간접적인 영향관계가 확인되었다.

대안의 매력은 전환비용을 통해 미치는 간접적인 영향은 고객만족에 −.048, 고객애호도는 −.074로 5% 수준에서 유의한 매개효과가 확인되었다. 대안의 경험은 전환비용을 통해 미치는 간접적인 영향은 고객만족에 −.090, 고객애호도는 −.140으로 5% 수준에서 유의한 매개효과가 확인되었다. 그리고 대인간 관계는 전환비용을 통해 미치는 간접적인 영향은 고객만족에 .111, 고객애호도는 .172로 5% 수준에서 유의한 매개효과가 확인되었다. 이러한 결과는 전환비용의 선행요인들이 전환비용을 통해서 결과변수에 미치는 간접효과를 보여 주고 있다. 간접효과가 갖는 의미는 대안의 매력이 낮고, 대안의 경험이 적고, 서비스 공급자와 고객 간의 관계의 정도가 높을수록 매개변수인 전환비용을 높이고 그 결과변수인 고객의 만족 정도와 고객애호도의 수준이 높아짐을 알 수 있다.

전환비용이 고객만족을 통해 고객애호도에 미치는 간접효과는 .136으로 5% 수준에서 유의한 매개효과가 확인되었다. 이러한 결과는 전환비용이 고객만족을 통해 고객애호도에도 영향을 미칠 수 있음을 보여 주고 있다. 또한 고객가치도 고객만족을 통해 고객애호도에 미치는 유의한 매개효과가 .468로 5% 유의수준에서 나타났다. 본서에서 제안한 선행요인과 결과변수의 통합적인 모형에서 제시한 직·간접적인 영향관계는 서비스 산업에서 각 관련변수들에 대한 전략적인 시사점을 제공하고 있다.

연구변수들의 전환비용, 고객만족, 고객애호도에 연결되는 직·간접적인 효과의 결과는 <표 5-5>를 통해 제시되고 있다.

<표 5-5> 연구변수들 간의 직·간접효과 분석

	대안의 매력			대안의 경험			대인간 관계		
	직접	간접	전체	직접	간접	전체	직접	간접	전체
전환비용	-.231**	-	-.231**	-.434***	-	-.434***	.535***	-	.535***
고객가치		-.015	-.015		-.029	-.029		.036	.036
고객만족		-.048**	-.048**		-.090**	-.090**		.111**	.111**
고객애호도		-.074**	-.074**		-.140**	-.140**		.172**	.172**

	전환비용			고객가치			고객만족		
	직접	간접	전체	직접	간접	전체	직접	간접	전체
전환비용									
고객가치	.067	-	.067						
고객만족	.159**	.047	.207**	.709***	-	.709***			
고객애호도	.185**	.136**	.321***		.468**	.468**	.660***	-	.660***

4) 전환비용의 조절효과 검증

(1) 전환비용과 결과변수들의 관계에 대한 조절효과

전환비용이 결과변수들의 관계에 대한 조절효과를 추가 검증하였다. 전환비용의 고객만족, 고객가치와 고객애호도 관계에 미치는 조절효과를 분석하기 위하여 위계적 회귀분석(hierarchical multiple regression analysis)을 하였다. 회귀분석 이후에 분산확대지수(variance inflation factor) 등의 검증지표로써 다중공선성 여부를 확인한 결과, VIF가 .900 이하로 나와 다중공선성에는 문제가 없는 것으로 나타났다.

전환비용에 대한 조절효과 분석은 독립변수인 고객만족을 1단계로 투입하고, 조절변수를 2단계로, 상호작용변수를 3단계로 투입하는 방법을 택하였다. 전환비용의 조절효과를 검증하기 위해 F변화량을 비교하였다.

〈표 5-6〉 고객만족과 고객애호도 관계에 대한 전환비용의 조절효과분석a)

	step1	step2	step3
고객만족(A)	.689***	.639***	.732***
전환비용(B)		.214***	.209***
A×B			.154**
전체 모형의 R2	.474	.517	.532
Adj. R2	.472	.514	.528
자유도	305	304	303
오차제곱합(SSE)	180.140	196.572	202.337
전체 모형의 F	274.930	162.907	115.039
R2 변화량	.474	.043	.015
F의 변화량	274.930	112.023	47.868
p 값	.000***	.000***	.000***

a) 종속변수: 고객애호도

상호작용변수를 추가하여 분석한 결과, 회귀분석의 설명력이 1.5%가 증가하는 것으로 나타났다. 이러한 결과는 전환비용과 고객만족이 상호 작용하여 고객애호도에 영향을 미치는 것을 알 수 있다. 고객만족과 고객애호도 사이의 전환비용의 상호 작용적 조절효과는 <표 5-6>에서 보는 바와 같이 유의수준 5%에서 입증되었다.

다음으로 전환비용과 고객만족, 고객가치의 상호작용으로 고객애호도에 미치는 조절효과를 보기 위해서 전환비용의 수준을 두 집단으로 나누어 동시에 투입하는 다중그룹분석(multiple group analysis)을 이용하여 분석하였다.

두 집단의 항목의 불변성을 살펴보기 위해 두 집단 간의 동시요인분석(simultaneous factor analysis)을 실시하였다. 두 집단 간의 요인적 재량이 같다는 등치제약을 설정하여 동시 분석을 실시함으로써 개개의 그룹에 같은 모델을 적용해도 좋은지, 같은 잠재요인이 배후에 존재하는지를 검토할 수 있다(노형진, 2002). 이러한 검증을 통해 집단 간 비교의 결과가 우연이나 측정변수의 신뢰도에 의해 기인할 수 있는 가능성을 배제하고, 오류가 발생할 수 있는 결과를 피할 수 있기 때문에 신뢰할 수 있는 비교결과를 도출할 수 있다(Steenkapmp and Baumgartner, 1998).

등치제약을 하지 않고 자유롭게 파라미터를 추정할 수 있는 모형(모델 A), 두 집단 간 경로계수가 같다고 제약을 부과한 모형(모델 B)과 두 집단 간 경로계수 외에 잠재변수의 공분산도 같다고 제약을 부과한 모형(모델 C)에 대하여 $\chi 2$ 값의 차이 검증을 실시한 결과, $\Delta\chi 2(1) = 2.039 < \chi 2(1) = 6.635$ 등치제약을 둔 모형이 지지되었다. 이 값은 두 모형의 차이가 있다는 대립가설이 자유도가 1

일 때, 유의 수준 1% 수준에서 기각됨으로써 두 모형의 요인적재량이 동일하다는 결과를 나타내어 준다. 따라서 두 집단 측정항목들의 λ 값에는 차이가 존재하지 않는 것으로 나타나 동일한 제약을 둔 모형을 전환비용의 집단별로 적용해서 조절효과를 분석하였다. 이상의 결과는 <표 5-7>에 각각 제시되어 있다.

<표 5-7> 전환비용 수준별 비교모델의 자유도

모델명	모델A	모델B	모델C
x2(x2 값의 차이)	238.959	244.148	246.187
자유도(자유도의 차이)	102	104	105
		5.189(2)	2.039(1)

등치제약 모형을 적용하여 두 집단 간의 다중그룹 비교분석법을 통해 실증 분석한 결과는 다음과 같다. 각 모형의 인과관계 경로계수는 <표 5-8>에 제시되어 있다.

<표 5-8> 전환비용 수준별 경로계수

가설	경로		경로계수	표준오차	t 값	결과
H8	고객만족 → 고객애호도	고	.286	.139	2.914**	채택
		저	.340	.084	2.105**	채택

전환비용의 영향을 살펴보면, 전환비용의 수준이 높을 때 고객만족 경로계수 .286으로 전환비용의 수준이 낮을 때 고객만족 경로계수 .340으로 고객애호도에 미치는 경로계수의 영향력이 나타났다. 이러한 결과는 고객만족의 수준이 낮더라도 현재 이용 중인 서비스 공급자를 전환하지 않는 현상을 설명해 준다. 즉, 고객만족

의 정도가 낮더라도 고객이 지각하는 심리적, 시간적, 금전적 비용
이 고객의 전환을 막아 준다고 볼 수 있다.

이러한 연구결과는 전환비용이 고객만족과 고객유지 사이에서 조
절작용을 하는 중재변수역할을 하는 것으로 Jones et al.(2000), Colgate
and Lang(2001), Lee and Cunningham(2001), 김문구 외(2003)의 연
구와 일치하는 결과이다. 전환비용이 고객애호도에 미치는 직접적
인 영향뿐만 아니라 고객의 전환을 억제하는 방어적인 수단으로
활용될 수 있는 중요한 변수라는 시사점을 제공한다.

(2) 서비스 수준별 조절효과

전환비용은 서비스의 유형에 따라서 그 결과변수에 미치는 영향
정도는 차이가 있을 수 있다. 서비스를 공급하는 공급자의 고객화
의 정도와 표준화의 정도에 따라서 전환비용의 효과는 차이가 있
을 것이다. 이러한 가설에 따라 검증한 결과 다음과 같았다. 먼저
고객화의 정도가 높은 이·미용 서비스의 경로계수는 <그림 5-
2>와 같다.

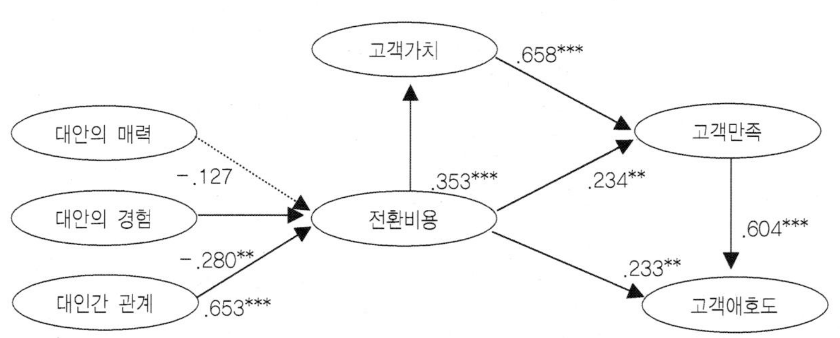

<그림 5-2> 이·미용실 연구모형의 경로계수

고객화의 정도가 높은 이·미용실의 경우 전환비용의 선행요인 중 대안의 매력은 기각되었지만, 대안의 경험과 대인간 관계는 전환비용에 영향을 미치는 것으로 나타났다. 선행된 연구에서 대안의 매력은 고객의 습관적인 구매행동과 기대치의 혼재로 유의하지 않은 결과가 제시되었다(김철민, 2002, 이호정, 2004b).

전환비용은 고객가치와 고객만족에 영향을 미치며, 고객애호도에 영향을 미치고 있다. 그리고 고객가치는 고객만족에 영향을 미치고 있으며, 고객만족은 고객애호도에 영향을 미치고 있다.

다음으로 표준화의 정도가 높은 은행 서비스의 경로계수는 <그림 5-3>과 같다.

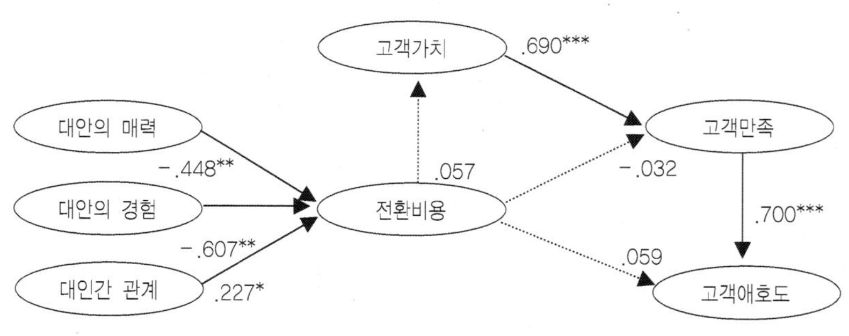

〈그림 5-3〉 은행 연구모형의 경로계수

표준화의 수준이 높은 은행 서비스의 경우, 전환비용의 선행요인들은 전환비용에 영향을 미치고 있으나, 고객만족과 고객애호도에는 유의한 영향을 미치고 있지 않다. 이러한 이유는 표준화의 수준이 높은 서비스일 경우 서비스의 이질성이 적고, 보다 구체적인 평가가 가능하게 되어 전환비용 인식보다는 고객가치와 고객만족을 보다 중요하게 생각하며 재구매행동에 영향을 미치는 것으로 나타났다.

고객화의 수준에 따른 서비스의 유형별 영향관계의 차이를 살펴본 결과 고객화의 수준이 높은 서비스에서는 대인간 관계와 대안의 경험순으로 전환비용의 인식에 영향을 미치고 있다. 이에 반해 표준화의 정도가 높은 서비스에서는 다른 서비스의 품질을 경험한 대안의 경험과 경쟁서비스 공급자에 대한 대안의 매력이 높은 영향을 주고 있으며, 대인간 관계는 영향을 덜 미치는 것으로 나타났다. 이러한 결과는 서비스의 특성상 개인의 요구와 밀접도가 높은 고객화의 정도가 높은 서비스와 표준화의 정도가 높은 서비스 유형의 차이에서 오는 결과라고 볼 수 있다(Jones et al., 2002; Paterson and Smith, 2003; Paterson, 2004).

전환비용이 결과변수에 미치는 영향을 보면 다음과 같다. 고객화의 정도가 높은 서비스를 이용하는 고객들은 개인에게 맞춤화되어 있는 서비스를 이용하고 있다. 따라서 만약 전환을 고려한다면 겪어야 할 노력과 비용, 시간에 대해 위험과 불확실성을 가지고 있기 때문에 전환비용의 선행요인과 전환비용이 고객만족과 고객애호도에 영향을 미친다고 볼 수 있다.

하지만 표준화의 정도가 높은 서비스인 경우는 서비스 공급자가 동일한 수준의 표준화된 서비스를 제공하기 때문에 전환에 따른 위험과 불확실성을 덜 지각하게 된다. 이에 따라 고객들은 고객이 느끼는 가치와 고객만족을 보다 중요하게 생각하여 이를 구매행동에 반영하고 있다고 볼 수 있다.

제6장 결 론

본장에서는 실증분석에서 제시된 결과들에 대한 요약과 관리적인 시사점을 살펴본다. 전환비용의 선행요인과 결과변수들 간의 영향관계를 제시하였으며, 이를 바탕으로 서비스 기업에게 관리적인 시사점을 제공하고 있다.

제1절 전환비용의 영향관계

본서에서는 전환비용과 전환비용의 선행요인을 통해 고객의 유지와 관련된 고객가치, 고객만족, 고객애호도에 미치는 영향을 통합적인 모형으로 제시하여 실증적으로 검증하였다. 본서를 통해 전환비용의 선행요인과 결과변수들 간의 영향관계를 확인하였다.

첫째, 전환비용의 선행요인과 전환비용 간의 영향관계를 분석한 결과, 서비스 대안에 대한 매력이 적을수록 지각된 전환비용이 증가하였다(H1 지지). 대안의 경험이 적을수록 지각된 전환비용이 증가하고(H2 지지), 서비스 공급자와 고객 간의 관계가 밀접할수록 지각된 전환비용이 증가하는 결과가 나타났다(H3 지지). 선행된 연구에서 대안의 매력은 고객의 습관적인 구매행동과 기대치의 혼재로 유의하지 않은 결과를 제시했다(김철민, 2002; 이호정, 2004b). 본서에서는 기존의 연구에서 유의한 선행변수로 제시되었던 대안의 매력, 대안의 경험, 대인간 관계를 변수로 설정하여 전환비용에 미치는 직접영향과 결과변수에 미치는 간접적인 영향관계를 확인하였다.

둘째, 고객만족을 전환비용의 결과변수로 제시하여 H 5를 분석하였다. 기존 연구에서는 전환비용과 별개의 변수로 구성하거나, 기존의 연구를 확장하여 만족과 애호도의 매개변수로 설정하였다. 본서에서는 이들 변수 간의 영향관계를 검증하는 데 그 의의가 크다고 할 수 있다. 분석결과 전환비용이 고객만족에 유의한 영향관계가 나타났다. 이러한 결과는 고객들이 전환비용을 지각되는 비용으로 인식하기도 하지만 투자된 시간과 노력, 비용과 같은 가치로 지각되어 만족의 정도에 영향을 미칠 수 있음을 보여 준다. 그러나 전환비용이 고객가치에 미치는 영향인 H 4는 유의하지 않은 결과가 나타났다. 이러한 결과는 전환비용과 지불된 비용에 대한 서비스의 전반적인 평가인 고객가치와 상충되었기 때문인 것으로 볼 수 있다.

셋째, 고객애호도의 결정요인으로 제시되는 고객가치, 고객만족, 전환비용의 영향관계를 H 6, H 7, H 8을 통해 분석하였다. 고객가치, 고객만족, 전환비용이 고객애호도에 미치는 영향을 분석한 결과 모두 긍정적인 영향을 미치는 것으로 나타났다. 선행된 연구에서는 고객만족 그리고 고객가치의 영향력이 다르게 제시되었으나, 본서에서는 고객만족이 고객애호도에 미치는 영향력이 크게 나타났으며 고객가치는 고객만족을 통해 고객애호도에 간접영향을 미치는 효과를 가지고 있다. 그리고 전환비용은 직접적으로도 고객애호도에 영향을 미치지만 간접적으로도 고객만족을 통해 고객애호도에 영향을 미치는 것으로 나타났다.

넷째, 전환비용의 조절효과를 분석한 결과, 지각된 전환비용이 높을수록 고객만족이 고객애호도에 미치는 경로계수 값은 더 낮게 나타나 H 9의 조절적 영향은 지지되었다. Yang and Peterson의 연구와 Lee et al.(2001), 방호열과 김성호(2005)의 연구결과와 마찬가지로 전환비용의 조절효과는 실증적으로 입증이 되었다.

다섯째, 서비스의 수준별로 전환비용이 미치는 영향인 H 10을 분석한 결과, 고객화의 수준이 높은 이·미용실의 서비스는 고객만족과 고객애호도에 영향을 미치며, 전환비용이 크게 작용하고 있음을 알 수 있었다. 하지만 표준화의 수준이 높은 은행 서비스의 경우에는 고객만족과 고객애호도에 미치는 영향관계는 나타나지 않았다.

본서에서 얻은 이러한 결과들은 다음과 같은 시사점을 제공해 줄 것이다.

제2절 관리적인 시사점

실증분석 결과 본서에서 설정된 모형과 가설을 통해 전환비용의 선행요인과 결과변수와의 영향관계가 확인되었다. 이러한 연구결과는 서비스 기업에게 다음과 같은 관리적인 시사점을 제공한다.

첫째, 전환비용의 선행요인과 관련된 가설들을 검증한 결과 선행요인들은 전환비용에 직접 그리고 결과변수들에 대해서 간접적인 영향을 주고 있다. 서비스 대안에 대한 기대치가 적을수록, 대안의 경험이 적을수록, 대인간 관계는 높을수록 전환비용에 영향을 미치는 것을 알 수 있다.

따라서 서비스 공급자들은 전환비용의 선행요소로서 역할을 하는 새로운 공급자에 대한 대안의 기대 정도와 경험 등을 줄일 수 있도록 서비스 접점에서 고객과 종업원과의 친밀하고 밀접한 관계 강화로 고객들에게 전환에 대한 위험의 인식 또는 유지에 따른 다양한 혜택의 정도를 제시하고 인식시키는 활동이 중요하다.

고객과 서비스 공급자와의 대인간의 관계는 서비스 공급자로부터 얻을 수 있는 사회적, 경제적 혜택이 많을수록 높아진다. 그리고 종업원의 고객지향성이 높아질수록, 고객의 욕구와 관련된 정보를 제공받는 대인간 접촉의 집중성이 높아질수록 고객과의 관계의 정도는 높아진다. 이러한 서비스 공급자와 형성된 장기적인 관계는 고객들이 지각하는 감정적인 전환비용으로 서비스기업에 대한 고객애호도를 증가시켜 줄 것이다. 서비스 공급자가 활용할 수 있는 방법은 고정고객에게 재무적인 혜택이 돌아갈 수 있도록 고정고객 우대프로그램을 실시해야 한다. 고객우대를 위해서는 고객을 개별 관리할 수 있는 시스템이 함께 마련되어야 한다. 그리고 회원제도를 도입하여 고객들이 서로 커뮤니케이션함으로써 구전효과를 높이는 채널을 마련해 주는 것이다.

둘째, 전환비용을 선행변수로 가정하여 고객만족에 미치는 영향을 검증한 결과 유의하게 나타났다. 이러한 결과는 전환비용의 인식이 고객이 투자한 시간과 노력, 비용으로 볼 수 있다. 고객들은 전환비용이 전환 시 잃게 되는 비용으로뿐만 아니라 유지에 따른 혜택인식으로도 느끼고 있다. 전환비용의 관리는 고객만족의 정도를 높일 수 있는 또 다른 전략이 될 수 있다.

셋째, 서비스를 이용하는 고객들을 지속적으로 유지시키는 고객애호도의 중요한 요인으로는 고객만족, 전환비용의 순으로 영향관계가 나타났다. 따라서 고객만족과 고객가치를 높이는 전략과 고객의 전환비용을 높이는 방법을 병행해야 할 필요성이 발견되었다.

넷째, 고객만족과 고객가치가 고객애호도에 미치는 전환비용의 조절효과를 검증하였다. 전환비용의 수준이 낮을 때보다 높을 때 고객만족의 경로계수가 높게 나타났다. 이러한 결과는 전환비용의 영향으로 낮은 수준의 만족수준에서도 불구하고 고객애호도가 유지되어 서비스 전환을 하지 않는 것으로 보인다. 전환비용이 서비스의 유지와 전환을 결정하는 의사결정과정에서 고객만족과 고객애호도 사이에서 조절영향을 미치는 것으로 보인다. 따라서 서비스 기업은 고객의 불만족에 대한 관리뿐만 아니라 적절한 전환비용을 인식시켜 주어야 할 것이다.

다섯째, 서비스의 수준별 전환비용의 영향관계를 살펴보았다. 고객화의 수준이 높은 서비스일수록 표준화의 수준이 높은 서비스보다 전환비용의 인식 정도와 결과변수에 미치는 영향은 크게 나타났다. 하지만 표준화의 수준이 높은 서비스에서도 전환비용의 선행요인들은 경쟁업체의 경험 정도와 기대치 정도가 전환비용 인식에 영향을 주고 있다. 따라서 표준화의 서비스의 수준이 높은 기업은 고객들이 이탈을 하지 않도록 고객유지 전략이 필요하다.

이상의 내용에서 보면 전환비용 구축은 기업의 방어적인 전략으로 고객의 만족 정도와 고객애호도를 높여 줄 수 있는 방법이다. 그러나 기업의 경쟁환경에 따라 전환비용 구축전략은 달라질 것이다. 시장을 선도한 서비스 공급자의 입장에서는 어떻게든 전환비용을 높여 더욱더 그 입지를 강화하여야 할 것이고, 후발주자로서는 어떻게든 전환비용을 낮추어 고객의 전환을 유도해야 할 것이다.

시장을 선도한 서비스 공급자는 고객들의 금전적, 시간적, 심리적인 투자를 유도하여 자사에 대한 의존도를 높여야 할 것이다. 이러한 방법으로는 고객의 반복구매를 유도하는 로열티 프로그램을 활용한다. 예를 들어 마일리지, 포인트 제도와 같은 인위적인 장벽을 설정하여 포인트를 소진하는 것보다 포인트 증가에 대한 혜택을 인식시키는 인센티브와 프로모션활동이 필요하다. 그리고 경쟁관계에 있는 서비스 공급자보다 우위에 있는 장점을 부각시키고 이동을 하게 되면 입게 될 손실을 지각시켜야 한다. 반복구매와 단골고객들에 대한 정보나 데이터베이스 구축으로 고객의 욕구를 충족시키며 고객의 만족도를 높여 주는 방법도 활용하여야 할 것이다. 그리고 전환하고 이탈하는 고객에 대한 정보를 분석하고 원인과 향후 대책수립이 필요하다. 실패한 서비스에 대한 보상을 제공하는 전략이 필요하다.

후발기업의 위치에 있는 서비스 공급자는 기존의 서비스 공급자가 가지고 있는 전환비용을 낮추는 방법을 찾아야 한다. 이러한 방법으로는 가치를 추구하는 다양성 추구 성향을 가진 고객을 대상으로 프로모션과 체험을 통해 경험을 늘려 주어야 한다. 서비스는 무형성 때문에 소비자들의 위험지각 수준이 높으며 고객의 경험이 의사결정에 큰 영향을 미친다. 다양성 추구성향은 전환비용을 낮게 인식하는 연령이 낮은 집단에서 나타나고 있다. 따라서 인구통계적 특성에 따라 상이한 전략을 활용하여야 할 것이다. 기존의 서비스 공급자가 가지고 있는 전환비용을 낮추는 방법은 고객들이 대안을 찾고 새로운 공급자에게 적응하는 데 드는 힘과 노력, 시간을 줄이는 방법이 필요하다. 그리고 아직 특정 서비스 공급자에 대해 완전히 정착되어 있지 않은 고객들의 전환을 유도하여야 한다.

참고문헌

1. 국내문헌

고상덕(2003), 「전환비용의 결정요인에 관한 연구: 호텔·외식산업의 재방문고객을 중심으로」, 세종대학교 박사학위논문.

김계수(2003), 『AMOS 구조방정식 모형분석』, 서울, SPSS 아카데미.

김기문·이정우·남상민·이호근(2005), 「포털사이트에서 이메일 서비스의 전환의도에 영향을 미치는 직접적 요인과 상황적 요인에 관한 연구」, *Information Systems Review*, 7(1), 116 – 136.

김대환(2005), 「여행사 웹사이트의 신뢰형성 요인이 전환장벽과 전환행동에 미치는 영향」, 동아대학교 박사학위논문.

김문구·박명철·정동헌·박종현(2003), 「이동통신서비스에서 전환장벽이 고객유지에 미치는 조절효과에 관한 실증연구」, *경영정보학연구*, 13(3), 108 – 130.

김상현·오상현(2001), 「고객만족과 재구매의도간 관계에서 전환장벽의 조절효과」, *고객만족경영연구*, 3(2), 47 – 72.

김상현·오상현(2002), 「고객 재구매의도 결정요인에 관한 연구: 고객가치, 고객만족, 전환비용, 대안의 매력도」, *마케팅연구*, 17(2), 25 – 55.

김세범·변충규(2005), 「고객만족 형성 후, 재구매의도 영향관계에 관한 연구」, *고객만족경영연구*, 7(1), 125 – 140.

김철민(2002), 「서비스 충성도의 결정요인에 관한 연구: 미용원 이용자를 중심으로」, *마케팅관리연구*, 7(2), 87 – 115.

김철민·조광행(2004), 「인터넷 쇼핑몰에서의 소비자 충성도(e – 충성도) 분석모형」, *경영학연구*, 33(2), 573 – 599.

노형진(2002), 『SPSS / AMOS에 의한 사회조사분석』, 서울, 형설출판사.

박노천(2004), 「이동통신서비스품질, 고객만족과 전환장벽이 고객충성도에 미치는 영향에 관한 연구」, 전주대학교 박사학위논문.

박명호·조형지(2000), 「고객만족의 개념 재정립과 척도 개발에 관한 연구」, *마케팅연구*, 15(3), 93－122.

방호열·김성호(2005), 「인스턴트 메신저 서비스의 서비스 품질, 전환장벽, 고객만족도가 고객충성도에 미치는 영향에 관한 연구」, *마케팅관리연구*, 10(1), 1－27.

배상욱·김완민·김은영(2005), 「호텔산업에서의 관계혜택이 고객충성도에 미치는 영향에 관한 연구」, *관광·레저연구*, 17(2), 249－269.

이도성(1996), 「전환비용의 전략적 선택과 가격경쟁」, *서강경제논집*, 159－184.

이성희(2005), 「고객만족과 전환비용이 고객충성도에 미치는 영향에 관한 연구: 소비자 특성의 조절역할을 중심으로」, 서울대학교 석사학위논문.

이유재(2000), 「고객만족 연구에 관한 종합적 고찰」, *소비자학 연구*, 11(2), 139－166.

이유재·이청림(2005), 「전환비용의 선행요인 및 결과변수에 대한 연구: 서비스 가입형태의 조절효과를 중심으로」, *마케팅연구*, 20(3), 1－28.

이학식·김영(1999), 「서비스품질과 서비스가치」, *한국마케팅저널*, 1(2), 77－88.

이호정(2001), 「서비스 복구접점에서의 고객만족과정에 관한 연구」, *한국마케팅저널*, 3(4), 90－115.

이호정(2004a), 「비용－효익 관점의 서비스 전환의도 영향 요인」, *산업경제연구*, 17(5), 1795－1816.

이호정(2004b), 「서비스 전환의도 형성과정에 관한 연구」, 기업윤리연구, 8, 97－122.

전인수(1990), 「거래구조와 전환장벽 및 모방장벽의 관계에 관한 연구」, *한국경영학회 춘계학술연구발표논문집*, 177－195.

정인근·박창준(2004), 「인터넷쇼핑몰에서 고객가치와 전환장벽이 재구매의도에 미치는 영향에 관한 연구」, *경영정보학연구*, 14(1), 186－209.

조광행·박봉규(1999), 「점포충성도에 대한 전환장벽과 고객만족의 영향력에 관한 실증적 연구」, *경영학연구*, 28(1), 127 – 149.

한인수(2003), 「경영연구에 있어서 조절효과 검증에 관한 연구」, *경영경제연구*, 25(2), 137 – 153.

2. 국외문헌

Anderson, E. W. and M. W. Sullivan(1993), "The Antecedents and Consequences of Customer Satisfaction for the Firm", *Marketing Science,* 12, 125 – 143.

Anderson, E. W., C. Fornell and D. R. Lehmann(1994), "Customer Satisfaction, Market Share and Profitability: Finding from Sweden", *Journal of Marketing,* 58(3), 53 – 66.

Anderson, J. C. and D. W. Gerbing(1988), "Structural Equation Modeling in Practice: A Review and Recommended Two – Step Approach", *Psychological Bulletin,* 103(3), 411 – 423.

Anderson, J. C. and J. A. Narus(1998), "Business Marketing: Under What Customer Value", *Harvard Business Review,* 76(6), 36 – 47.

Aydin, S., G. Özer and Ö. Arasil(2005), "Customer Loyalty and the Effect of Switching Costs as a Moderator Variable: A Case in the Turkish Mobile Phone Market", *Marketing Intelligence & Planning,* 23(1), 89 – 103.

Babin, B. J. and M. Griffin(1998), "The Nature of Satisfaction: An Updated Examination and Analysis", *Journal of Business Research,* 41, 127 – 136.

Bagozzi, R. and Y. J. Yi(1988), "On the Evaluation of Structural Equation Models", *Journal of the Academy of Marketing Science,* 16(1), 74 – 94.

Bateson, J. E. G. and K. D. Hoffman(1999), *Managing Services Marketing,* 4th ed., Orlando: Dryden.

Beerli, A., J. D. Martín and A. Quintana(2004), "A Model of Customer Loyalty in the Retail Banking Market", *European Journal of Marketing*, 38(1/2), 253 − 275.

Beggs, A. and P. Klemper(1992), "Multi − Period Competition with Switching Costs", *Econometrica*, 60(3), 651 − 666.

Bell, S. J., S. Auh and K. Smalley(2005), "Customer Relationship Dynamics: Service Quality and Customer Loyalty in the Context of Varying Levels of Customer Expertise and Switching Costs", *Journal of Academy of Marketing Science*, 33(2), 169 − 183.

Bendapudi N. and L. L. Berry(1997), "Customers Motivations for Maintaining Relationship with Service Provider", *Journal of Retailing*, 73(1), 15 − 37.

Bennett, R. and R. T. Sharyn(2004), "Customer Satisfaction Should Not Be the Only Goal", *Journal of Service Marketing*, 18(7), 514 − 523.

Berné, C., J. M. Múgica and M. J. Yagüe(2001), "The Effect of Variety − Seeking on Customer Retention in Services", *Journal of Retailing and Consumer Services*, 8, 335 − 345.

Bhattacharya, C. B., H. Rao and M. A. Glynn(1995), "Understanding the Bond of Identification: An Investigation of Its Correlates Among Art Museum Members", *Journal of Marketing*, 59(4), 46 − 57.

Bowen, J.(1990), "Development of a Taxonomy of Services to Gain Strategic Marketing Insights", *Journal of the Academy of Marketing Science*, 18(1), 43 − 49.

Bove, L. L. and L. W. Johnson(2000), "A Customer − Service Worker Relationship Model", *International Journal of Service Industry Management*, 11(5), 491 − 511.

Burnham, T. A., J. K. Frels and V. Mahajan(2003), "Consumer Switching Costs: A Typology, Antecedents, and Consequences", *Journal of the Academy of Marketing Science*, 31(2), 109 − 126.

Caruana, A.(2002), "Service Loyalty: The Effects of Service Quality and the Mediating Role of Customer Satisfaction", *European Journal of Marketing*, 36(7 / 8), 811 − 828.

Colgate, M. and R. Hedge(2001), "An Investigation into the Switching Process in Retail Banking Services", *International Journal of Bank Marketing,* 19(5), 201 − 212.

Colgate, M. and B. Lang(2001), "Switching Barriers in Consumer Markets: and Investigation of the Financial Services Industry", *Journal of Consumer Marketing,* 18(4), 332 − 347.

Coyles S. and T. C. Gokey(2005), "Customer Retention is Not Enough", *Journal of Consumer Marketing,* 22(2), 101 − 105.

Cronin, J. J. and S. A. Taylor(1992), "Measuring Service Quality: A Reexamination and Extension", *Journal of Marketing,* 56(3), 55 − 68.

Cronin, J. J., M. K. Brandy, R. R. Brand, R. Jr. Hightower and D. J. Shemwell(1997), "A Cross − Sectional Test of the Effect and Conceptualization of Services Value", *The Journal of Service Marketing,* 11(6), 375 − 391.

Cronin, J. J., M. K. Brandy and G. T. M. Hult(2000), "Assessing the Effects of Quality, Value, and Customer Satisfaction in Consumer Behavioral Intention in Services Environments", *Journal of Retailing,* 76(2), 193 − 218.

Dick, A. S. and K. Basu(1994), "Customer Loyalty: Toward an Integrated Conceptual Framework", *Journal of the Academy of Marketing Science,* 22(spring), 99 − 113.

Dodds, W. B., K. B. Monroe and D. Grewal(1991), "Effects of Price, Brand and Store Information on Subjective Product Evaluations", *Advanced in Consumer Research,* 12, 85 − 90.

Engel, J. F. and R. D. Blackwell(1982), *Consumer Behavior,* New York: Holt, Rinehart, and Winston.

Fornell, C.(1992), "A National Customer Satisfaction Barometer: The Swedish Experience", *Journal of Marketing,* 56(1), 6 − 21.

Ganesh, J., M. J. Arnold and K. E. Reynolds(2000), "Understanding the Customer Base of Service Provider: An Examination of the Differences Between Switchers and Stayers", *Journal of Marketing,* 64(3), 65 − 87.

Guenzi, P. and O. Pelloni(2004), "The Impact of Interpersonal Relationship on Customer Satisfaction and Loyalty to the Service Provider", *International Journal of Service Industry Management,* 15(4), 365 – 384.

Guiltinan, J. P.(1989), "A Classification of Switching Costs with Implications for Relationship Marketing", *In 1989 AMA Winter's Educators' Conference: American Marketing Association,* 216 – 220.

Gwiner, K. P., D. D. Gremler and M. J. Bitner(1998), "Relational Benefits in Service Industry: The Customer's Perspective", *Journal of the Academy of Marketing Science,* 26, 101 – 114.

Hellier, P. K., G. M. Geursen, R. A. Carr and J. A. Rickard(2003), "Customer Repurchase Intention: A General Structural Equation Model", *European Journal of Marketing,* 37(11/12), 1762 – 1800.

Hirschman, E. C. and M. B. Holbrook(1982), "Hedonic Consumption: Emerging Concepts, Methods and Proposition", *Journal of Marketing,* 46(summer), 92 – 101.

Holbrook, M. B.(1994), "The Nature of Customer Value: An Axiology of Services in the Consumption Experience", 21 – 71 *in Service Quality: New Directions in Theory and Practice,* Roland T. Rust and Richard L. Oliver, (Eds), Newbury Park, CA: Sage Publications.

Jackson, B. B.(1985), *Winning and Keeping Industrial Customers: The Dynamics of Customer Relationship,* Lexington, MA: Lexington Books.

Jones, T. O. and W. E. Jr. Sasser(1995), "Why Satisfied Customers Defect", *Harvard Business Review,* 73(1), 88 – 99.

Jones, M. A.(1998), "Satisfaction and Repurchase Intention in the Service Industry: The Moderating Influence of Switching Barrier", *Unpublished Dissertation, University of Alabama.*

Jones, M. A., D. L. Mothersbaugh and S. E. Beatty(2000), "Switching Barriers and Repurchase Intentions in Services", *Journal of Retailing,* 76(2), 259 – 274.

Jones, M. A., D. L. Mothersbaugh and S. E. Beatty(2002), "Why

Customers Stay: Measuring the Underlying Dimensions of Services Switching Costs and Managing Their Differential Strategic Outcomes", *Journal of Business Research,* 55, 441 – 450.

Keaveney, S. M.(1995), "Customer Switching Behavior in Service Industries: An Exploratory Study", *Journal of Marketing,* 59(2), 71 – 82.

Kim, M. K., M. C. Park and D. H. Jeong(2004), "The Effects of Customer Satisfaction and Switching Barrier on Customer Loyalty in Korean Mobile Telecommunication Services", *Telecommunications Policy,* 28, 145 – 149.

Klemperer, P.(1987), "Markets with Consumer Switching Costs", *The Quarterly Journal of Economics,* 102(May), 375 – 394.

Klemperer, P.(1995), "Competition When Consumers have Switching Costs: An Overview with Applications to Industrial Organization, Macroeconomics and International Trade, *Review of Economics Studies*", 62, 515 – 539.

Lam, S. Y., V. Shankar and M K. E. B. Murthy(2004), "Customer Value, Satisfaction, Loyalty and Switching Costs: An Illustration From a Business – to – Business Services Context", *Journal of Academy of Marketing Science,* 32(3), 293 – 311.

Lee, M. and L. F. Cunningham(2001), "A Cost/Benefit Approach to Understanding Service Loyalty", *Journal of Services Marketing,* 15(2), 113 – 130.

Lee, J., J. Lee and L. Feick(2001), "The Impact of Switching Costs on the Customer Satisfaction – Loyalty Link: Mobile Phone Service in France", *Journal of Services Marketing,* 15, 35 – 48.

Liu, A. H.(2006), "Customer Value and Switching Costs in Business Services: Developing Exit Barriers through Strategic Value Management", *Journal of Business & Industrial Marketing,* 21(1), 30 – 37.

Lovelock, C. H.(1996), *Service Marketing,* 3rd ed, New Jersey: Prentice Hall.

Lovelock, C. H. and J. Wirtz(2004), *Service Marketing: People, Technology,*

Strategy, 5th ed., New Jersey : Prentice Hall.

Mathwick, C., N. Malhotra and E. Rigdon(2001), "Experiential Value: Conceptualization, Measurement and Application in the Catalog and Internet Shopping Environment", *Journal of Retailing,* 77(1), 39 – 56.

Mittal, B. and W. M. Lassar(1998), "Why Do Customer Switch? The Dynamics of Satisfaction Versus Loyalty", *The Journal of Services Marketing,* 12(3), 177 – 194.

Neal, W. D.(1999), "Satisfaction is Nice, But Value Drives Loyalty", *Marketing Research,* (Spring), 21 – 23.

Nilssen, T.(1992), "Two Kind of Consumer Switching Costs", *RAND Journal of Economics,* 23(winter), 579 – 589.

Oliver, R. L.(1980), "A Cognitive Model of the Antecedents and Consequences of Satisfaction Decisions", *Journal of Marketing Research,* 17(November), 460 – 468.

Oliver, R. L. and J. E. Swan(1989), "Consumer Perception of Interpersonal Equity and Satisfaction in Transaction: A Field Survey Approach", *Journal of Marketing,* 53(2), 21 – 35.

Oliver, R. L.(1993), "Cognitive, Affective and Attribute Bases of the Satisfaction Response", *Journal of Consumer Research,* 20(3), 418 – 430.

Oliver, R. L.(1999), "Whence Consumer Loyalty", *Journal of Marketing,* 63(Special Issue), 33 – 44.

Parasuraman, A., L. L. Berry and V. A. Zeithaml(1988), "SERVQUAL: A Multiple – Item Scale for Measuring Consumer Perception of Service Quality and Satisfaction", *Journal of Retailing,* 64(1), 12 – 40.

Patterson, P. G. and T. Smith(2003), "A Cross – Cultural Study of Switching Barriers and Propensity to Stay with Service Providers", *Journal of Retailing,* 79(2), 107 – 120.

Patterson, P. G.(2004), "A Contingency Model of Behavioral Intentions in a Services Context", *European Journal of Marketing,* 38(9/10), 1304 – 1315.

Ping, R. A.(1993), "The Effects of Satisfaction and Structural Constraints on Retailer Exiting, Voice, Loyalty, Opportunism and Neglect", *Journal of Retailing,* 69(3), 320－352.

Ping, R. A.(1994), "Does Satisfaction Moderate the Association between Alternative Attractiveness and Exit Intention in a Marketing Channel", *Journal of the Academy of Marketing Science,* 22(4), 364－371.

Porter, M. E.(1980), *Competitive Strategy: Techniques for Analyzing Industries and Competitors,* New York: Macmillan.

Ranaweera, C. and J. Prabhu(2003), "The Influence of Satisfaction, Trust and Switching Barriers on Customer Retention in a Continuous Purchasing Setting", *International Journal of Service Industry Management,* 14(4), 374－395.

Reichheld, F. F. and W. E. Jr. Sasser(1990), "Zero Defection: Quality Comes to Services", *Harvard Business Review,* 68(5), 105－111.

Reichhed, F. F.(1996), "Learning from Customer Defections", *Harvard Business Review,* 74(2), 56－69.

Roos, I., B. Edvardsson, and A. Gustafsson(2004), "Customer Switching Patterns in Competitive and Noncompetitive Service Industries", *Journal of Service Research,* 6(3), 256－271.

Ruyter, K. D., M. Wetzels and J. Bloemer(1998), "On the Relationship between Perceived Service Quality, Service Loyalty and Switching Costs", *International Journal of Service Industry Management,* 9(5), 436－453.

Schmalensee, R.(1981), "Product Differentiation Advantage of Pioneering Brands", *American Economic Review,* 72. 349－365.

Sharma, N. and P. G. Patterson(2000), "Switching Costs, Alternative Attractiveness and Experience as Moderators of Relationship Commitment in Professional, Consumer Services", *International Journal of Service Industry Management,* 11(5), 470－490.

Sharma, N.(2003), "The Role of Pure and Quasi－Moderation in Service:

An Empirical Investigation of Ongoing Customer − Service Provider Relationships", *Journal of Retailing and Consumer Services,* 10, 253 − 262.

Sood, S. and P. Kathuria(2004), "Switchers and Stayers: An Empirical Examination of Customer Base of an Automobile Wheel Care Centre", *Journal of Services Research,* 4(2), 75 − 90.

Steenkamp, J. B. E. M. and H. Baumgartner(1998), "Assessing Measurement Invariance in Cross − National Consumer Research", *Journal of Consumer Research,* 25(1), 78 − 90.

Valenzuela, F., D. Pearson and R. Epworth(2005), "Influence of Switching Barriers on Service Recovery Evaluation", *Journal of Services Research,* 6(1), 239 − 257.

White, L. and V. Yanamandram(2004), "Why Customer Stay: Reason and Consequences of Inertia in Financial Services", *Managing Service Quality,* 14(2/3), 183 − 194.

White, C. and Y. T. Yu(2005), "Satisfaction Emotions and Consumer Behavioral Intentions", *Journal of Service Marketing,* 19(6), 411 − 420.

Wirtz, J. and A. S. Mattila(2003), "The Effects of Consumer Expertise on Evoked Set Size and Service Loyalty", *Journal of Services Marketing,* 17(7), 649 − 665.

Yang, Z. and R. T. Peterson(2004), "Customer Perceived Value, Satisfaction, and Loyalty: The Role of Switching Costs", *Psychology & Marketing,* 21(10), 799 − 822.

Zeithaml, V. A.(1988), "Consumer Perceptions of Price, Quality and Value: A Means − End Model and Synthesis of Evidence", *Journal of Marketing,* 52(3), 2 − 22.

변충규 ───

▌약력

경남대학교 경상대학 경제학과 졸업
경남대학교 대학원 경영학 석사
경상대학교 대학원 경영학 박사
중소기업 소상공인 지원센터 컨설턴트
(주) 한국창업컨설팅 연구원 전문위원
경상대학교, 진주산업대학교 경영학과 강사

▌주요논문

「고객만족 형성 후, 재구매의도 영향관계에 관한 연구」
「전환비용이 고객애호도에 미치는 영향에 관한 연구」
「전환비용과 고객가치, 고객만족, 고객애호도간의 관계에 관한 연구」
「서비스 제공자에 대한 관계혜택 인식이 고객만족, 애호도 및 구전의도에 미치는 영향
에 관한 연구」
「서비스이용고객의 전환비용 인식이 관계몰입 및 행동의도에 미치는 영향에 관한 연구」
외 다수

서비스이용고객의
전환행동과 전환비용

초판인쇄 | 2009년 5월 20일
초판발행 | 2009년 5월 20일

지은이 | 변충규
펴낸이 | 채종준
펴낸곳 | 한국학술정보㈜
주　소 | 경기도 파주시 교하읍 문발리 파주출판문화정보산업단지 513-5
전　화 | 031) 908-3181(대표)
팩　스 | 031) 908-3189
홈페이지 | http://www.kstudy.com
E-mail | 출판사업부　publish@kstudy.com

등　록 | 제일산-115호(2000. 6. 19)
가　격　19,000원

ISBN　　　　　　　　　　　　　　　　(Paper Book)
　　　978-89-268-0008-9 98320 (e-Book)